ちくま学芸文庫

俺の人生まるごとスキャンダル

グルダは語る

フリードリヒ・グルダ
田辺秀樹 訳

筑摩書房

目次

俺の人生まるごとスキャンダル

Dr. ペーター・H・ベンシュ
ゼップ・ドライシンガー
ハネス・アイヒマン
Dr. ヘートヴィヒ・ミリアン
グードルーン・ヴィント
各氏の協力に感謝する。

はじめに

フリードリヒ・グルダは一九三〇年五月十六日、ウィーンに生まれた。八歳のとき、ウィーン音楽院で、フェーリクス・パッツォフスキーから最初のピアノのレッスンを受ける。十二歳からウィーンの国立音楽アカデミーでピアノをブルーノ・ザイドゥルホーファーに、楽理と作曲をヨーゼフ・マルクスに学んだ。

一九四六年、ジュネーヴ国際コンクールで第一位に入賞して以来、演奏会ピアニストとしてのきわめて輝かしいキャリアがスタートした。しかし、五十年代なかばになると、グルダはそれだけでは満足しなくなる。一九五四年、若き天才グルダは、日記にこう書きつける――「アメリカの黒人音楽が、我われの演奏会活動から完全に排除されているというのが気に入らない。偉大なジャズ・メンたちは、バッハやモーツァルトと同様に、ぼくの手本となるべき人々だ」。こうして彼は、「音楽の地理学の拡大」を要求したのである。疲れを知らぬエネルギーをもって、そして自らのビッグ・ネームの重みを背負いながら、ピアニスト・グルダは、さまざまなジャンルの音楽をミックスしたコンサートの活動や、さらには自らが作曲した興味深い作品によって、この「拡大」のために大きな力を注いだ。

ジャズへの取り組みは、年を追うごとにさらに深まり、六十年代初めには、ジャズを演奏活動の中心に据えるにいたる。一九六六年には、二十四カ国の一一六人の新進音楽家たちのために、大がかりなコンクールの開催を手がけ、また、さまざまなメンバーと組んで《四人のソリストとバンドのための音楽》といったレコード・アルバムを出すなどして、大いに論議を呼んだ。さらにグルダは、いわゆる〈方言ソング・ブーム〉よりもずっと早い時期に、ウィーン訛りで歌う謎の歌手「ゴロヴィン」としても登場し、アルバム《ドナウ・ソー・ブルー》などでは、キッチュ性を洗い落としたワルツとブルースとの間の親和性を、明らかにしてみせたりもした。

一九六八年、グルダによるベートーヴェンのピアノ・ソナタ全曲録音は、ドイツ・レコード大賞を受賞。翌一九六九年には、〈ベートーヴェン・リング〉の授与と返却に際しての発言によって、グルダはまたしてもスキャンダルを巻き起こした。しかしグルダは、いわゆる〈シリアス音楽〉の活動に完全に背を向けることはせずに、七十年代以降、彼の活動の範囲をさらにひろげるに至った。オシアッハ、フィクトリング、モースハム城、ザルツブルク等においては〈ワールド・ミュージック・フェスティヴァル〉を開催し、ウェザー・リポート、アニマといったグループと共に演奏し、さらにその後は、女性歌手で打楽器奏者のウルズラ・アンデルスとも共演している。ジャズ・ピアニストのチック・コリアとは、〈ベルリン・ピアノの夏〉でコンビを組み、モーツァルト作曲の二台のピアノのための協奏曲や自作数曲の録音も行なった。

「彼がいかに早く変身できるかは、まったく信じられないくらいだ」と、ウィーンの世界的ジャズ・ミュージシャンのジョー・ザヴィヌルは、彼が共演した名手グルダについて語っている。

バッハ、ベートーヴェン、ドビュッシー、そしてモーツァルトを演奏するグルダにとって、さらにはジャズ・ミュージシャンとして活躍し、〈ワールド・ミュージック〉のさまざまな試みを続けるグルダにとって、唯一のモットーは、「どの音をも、それが命がけであるかのように弾け」である。

＊

フリードリヒ・グルダは、めったにインタビューを受けない。しかし彼は、オーストリア放送協会ザルツブルク地方局のディレクターであるクルト・ホーフマンを相手に、さまざまな事柄についておおいに語った。これらの会話は、一九八〇年から一九九〇年にかけて、ザルツブルク、ウィーン、パリ、さらにアッターー湖畔のヴァイセンバッハにおいて記録されたものである。

本書の内容は、すべてグルダ自身のオリジナルの発言である。クルト・ホーフマンが、それらをテーマに応じて整理し、多くの未公開の写真〔権利の都合上、本文庫では割愛〕を添えて一冊子とした。

愛弟子マルタ・アルゲリッチと、ウィーンにて
(Paul Popper／Popperfoto: getty images 提供)

1　異端の肖像

「異端」とはマトモと読む

人はグルダを偏屈という

俺が存在している、っていう事実そのものが、多くの人々にとっては一つのスキャンダルなんだ。だれかが常に――一生のあいだ――普通なら人がまずやらないことをやっていれば、そいつの人生はスキャンダルになる。まあ普通なら、モーツァルトとかベートーヴェンを弾いて、その二時間後にジャズ・クラブに行く、なんてことはしないさ。たしかに俺の生活はノーマルじゃない。みんながやっていても俺はやらないこと、絶対やらないことっていうのがある。比較的穏健な例を二つあげれば、保険に入っていないとか、投票に行かない、ってなこと。そんなふうに考えて、そんなふうな生き方をしていると、絶え間ないスキャンダルになるんだ。なにかの結果によってそれが表に出るたびに、その都度あらたなスキャンダル、っていうわけ。そんな調子だから、ようするに、俺という存在のすべてが、その始まり以来ずっとスキャンダルということになるんだ。

俺が偏屈だとか、気まぐれだとか、約束を守らないとか、信頼できないとか、いろいろと言われているけど、それはひどい中傷ってもんだよ。俺くらい時間に正確で、信用できて、きちんとしている人間は、そうザラにはいないはずだ。ほとんど几帳面といってもいいくらいさ。でも、誤解されることはしょっちゅうさ。もっとも、自分が誤解されるかされないかなんてこと、いちいち気にしちゃいられない。誤解されるのは仕方ないんだ。ミケランジェロだってベートーヴェンだってそうだった。彼らはさんざん誤解されたんだから。

週に五日会社で働いて、年金の皮算用をしたり、次の昇給はいつでいくらになって、なんてことを考えるような生活は、俺にはまったく縁がないし、興味もない。そのために場合によっては「グルダは自分のことしか考えない」なんて言われたりする。それは全面的に認めるよ。ただ俺の場合、大多数の人々が送っているような生活は、まるで考えられないんだ。たとえば、ひとつの町にずっと留まっていなくちゃならないとしたら、俺は死ぬほどユウウツになるだろう。そういう暮らしをしているのは、俺も知ってるけど、すこぶるマジメな、そしてもちろん退屈な人々さ。そういう人々が俺のことを理解しがたいと言ったって、どうしようもないだろ。こちらだって、彼らのことは理解しがたいんだから。

俺の場合、もっぱら音楽と音楽に関連したことしか頭にないんだけど、俺はそれが悪いことだとは思わない。まあ、いいさ。たとえば演奏旅行をしていて、二十八回目かなんかのコンサートで弾くために、アメリカのどこかの町にいるとする。こちらにとってはまったくどうでもいい町だよ。そんなときは、そりゃもう孤独なもんさ。気分は最低だね。どこかのホテルに足止めされて飛行機を待つ、そのあいだにコンサートがある、っていうような場合さ。見るものなんか何もないし、まともな話のできる相手もいない。こういうアメリカの町は、やりきれないよ。もともと地方都市って好きになれないけど、アメリカの地方都市は最悪。ユウウツなことといったらないよ。四重奏団ならまだ我慢できる。仲間数人とアメリカ演奏旅行をしたときなんか、少なくとも愚痴を言って気を紛らすことができた。

肝心なのは、だれが何を望んでいるか、ってことなんだ。俺は音楽をやりたい。一方、人々は何かに魅了されることを望んでいる。俺はそんなことは知ったことじゃない。彼らは口では、グルダはうまいピアニストだ、てなことを言う。ところが、彼らが本当に望んでいるのは、ようするに、退屈を忘れさせてもらうこと、しばしのあいだ夢中にさせてもらうことなんだ。彼らに対してそれをやってみせる、何度も繰り返しやってみせる、ひとつのことに完全に集中して、それと一体となることによって、彼らを夢中にさせる。彼らがあとで、あれはクレージーだと言うか、天才だと言うか——まあどちらにしても、平均的頭脳にとっては同じようなもんだろうけど——それはどうでもいい。彼らは、だれかがいくらかでもこういう力を自分たちに見せてくれることを望んでいるんだと思う。

俺のなかには、そう、うんと深い、核心とでもいったところに、自分でもまったくコントロールできない何かがあるんだ。それがなんなのかはわからない。この感覚に初めて気付いたのは、俺がまだ十六歳だった一九四六年、ジュネーヴの国際コンクールでだった。コンチェルトを弾いていて、ある箇所にきたとき、俺自身が弾いているんじゃない、「それ」が弾いている、っていう感じがした。なにかこう、背筋が寒くなるような思いがしたよ。なにしろとくにうまくいっていて、まさに正しくて、思う通りに弾けているときだったからね。後になってわかったんだけど、この感覚は向こうからひとりでにやってくるものじゃない。その都度あらたに努力して獲得しないといけないんだ。この状態になったときは、この調子でいこう、これは簡単だ、と思う。「おお、まさにこれなんだ、この先ずっとこれでいこう」っていう感じで、さらにこのうえ何かしなきゃならないというのが残念な気がするんだ。最良の瞬間には、これは俺じゃない、っていう感じさえする。こういう最良の、決定的な、重要な瞬間を別とすれば、俺の自己評価は正常といっていい。自分の職業にふさわしい生活をしているし、まずはだいたいノーマルな暮らしぶりだ。特別なものを食べたりはまったくしないし、特別なことをすることもない。俺のことを偏屈だなんていう連中は、自分たちこそ偏屈なんだ。俺はこの通り、あるがままの俺で、ただそれだけさ。

■グルダとグールド

あるアメリカの批評家がこう書いたことがあった――「最良の二人は、いずれも最も偏屈で最もアテにならない」。たしかに、グレン・グールドとグルダの間には、いくらかの共通点があるかもしれない。普通の音楽活動に対する懐疑っていうこと、つまりそのテの活動に対して全面的にせよ部分的にせよ身を引いているということでは、たしかに似ている点があるだろう。でも、すごく大きな違いもあるよ。俺は、彼とは別の道を選択したんだ。グールドはこの別の道を見出さなかったし、探し求めようともしなかった。たしかに今日では、すべてが競技スポーツみたいになってしまっていて、肝心なことが置き去りにされている。音楽ってものが、愛情とか心地よさとか、満足とか楽しさとはまるで無縁になっちまってるんだ。だからグールドにとっては、半ば自殺するよりほかには方法がなかった。まさに、半ば自殺だよ。彼は五十二歳〔訳注：正しくは五十歳〕で死んだんだ。じっさいそれは自殺といっていいものだった。彼は状況に絶望したんだ。俺だって絶望したのは同じさ。でも俺はひとつの出口を見つけた。ジャズ・クラブに出かけて行って、ハッピーになったんだ。彼はそうしなかった。そのことで彼を非難するつもりはない。すごく悲しいことだと思うだけさ。とにかく俺としては、グールドとのこの違いを大いに強調したいと思う。俺にとっても、それは容易なことじゃなかった。生涯にわたる闘いだった。現在の俺は、以前よりずっとリラックスして外向的になっている。自分が受けてきた音楽教育のばかばかしい狭苦しさは、もう完全に克服したんだ。

それはさておき、グールドの演奏のいくつかについては、俺はまったくいいと思わない。たとえば、あの（バッハの）《イタリア協奏曲》にしたって、そうだ。録音があるけど、あれはヘタだし、まったく間違っている。悪い意味においてもそうだ。《ゴールドベルク変奏曲》の録音は、有名になるだけの価値がある。そう、二つ録音があるけど、あの録音にはぶったまげたよ。俺は一度グールドをライヴで聴いたことがある。もうずっと昔、五十年代で、場所はニューヨークだった。彼はバーンスタインの指揮で、バッハのニ短調の協奏曲を弾いたんだ。これも素晴らしかった。でもグールドとは、個人的に知り合いにはならなかった。その必要もなかったしね。

そういえば、俺たち二人の名前が似ていることで、一度ケッサクなことがあったっけ。俺のマネージメントをしているところが、俺がモスクワで演奏するっていう契約をしたんだ。もちろん俺がなにも知らないうちにさ。俺はモスクワに行く気なんかない。少なくとも以前はそうだった。今の幸いにもタガが緩んできたコミュニズムなら嫌いじゃないが、そうでないコミュニズムは大嫌いだ。とてもじゃないが俺には我慢できない。そういう国々にはめったに行かなかったけど、チェコスロヴァキアとかルーマニアに行かなきゃならなかったときは、ひどく気が重かった。全体の雰囲気が耐えられないんだ。そこで暮らしている人たちのことは心から気の毒に思うけど、とにかくとても耐えられない。そんなわけで、俺はソ連には一度も行ったことがなかったし、衛星諸国へも、それらが衛星諸国以外の何ものでもない間は、ほとんどといっていいほど演奏旅行に出かけなかった。今はいい状態になってよかったと思う。今なら俺だって、喜んでポーランドとかハンガリーにも行くよ。どちらの国も、やっと半分くらい分別を取りもどしたんだから。そうさ、あの頃は、もう我慢の限界までいっていたんだよ。

ま、そんなわけで、マネージャーが俺の知らないところで、ソ連国営のコンサート・エージェンシーに俺を売り込んじゃった。そしたら、これが断わってきた。そのピアニストなら今こちらにいるから、さらに契約なんかしない、っていうんだ。それでわかったわけ、そのピアニストっていうのがカナダの御同僚のグールドで、連中が彼を俺と混同したってことがね。いかにも国営エージェンシーらしいよ。ようするに連中、なんにも知らないんだ。まあ、俺はどうでもよかったし、ただ大笑いしただけさ。どうせ初めから行く気はなかったんだし。そんなわけでモスクワの俺の演奏会は、オジャンになったというわけさ。

■ウィーンのコスモポリタン

アメリカとなると、また違う。アメリカっていうのは、なんていうか、俺たちのヨーロッパにあるものの寄せ集めみたいなものなんだ。もしジャズ音楽がなかったら、俺としては、アメリカはじっさい必要じゃないだろうね。俺はそのことを、アメリカ人たちに面と向かって言ったこともある。そしたら彼ら、相当気分を害してたよ。俺はウィーンに生まれ育って、ウィーンで学んだから、やっぱり自分はまず第一にオーストリア人なんだって感じる。でもそれと同時に、非常にコスモポリタンだとも思っている。ヨーロッパ人としてのコスモポリタン、っていうこと。ウィーン以外で俺の故郷といえるのはドイツ、スイス、イタリア、フランス、スペイン、その他すべての近隣諸国だな。

同じウィーンで学んだピアニストたちに対しては、もちろんある種のライヴァル関係があるんだけど、幸か不幸か、俺はいつも競争に勝ってばかりだった。彼らはみんなよくてナンバー・ツーだったからね。議論の余地はなかった。あのブレンデルにしたって、彼はその後、世界的なピアニストになったけど、俺が相手だといつも負けていたんだよ。ライヴァルたちとのこういう関係は、俺としては得意でもあったけど、退屈でもあった。なにしろ、いつだって俺のほうがうまかったんだからね。さて、それじゃあどうするか、ということになると、もちろん、競争相手は世界中にいるわけ。そうすると当然、国際的に比較されるわけだけど、この国際的なライヴァル関係っていうのは、同じ一つの流派の中でのライヴァル関係とくらべると、それほどシヴィアなものじゃないんだ。たとえば俺は、ミケランジェリとかルービンシュタインとかに対して――俺はこの二人のどちらとも知り合いだったけど、交友関係はなかった――いつも距離をとっていた。いつも関心をもって彼らの演奏を聴きながら、「ああ、なるほど、こういうふうにもピアノが弾けるのか」って思った。俺の弾き方とは違うけど、これはこれでたいしたもんだと思ったよ。

■ホロヴィッツ、ルービンシュタイン、コリア

ホロヴィッツは正直なところ、いつもあまり好きにはなれなかった。ああいうふうにバリバリ弾きまくる演奏に対しては、俺は自分が受けたウィーンでの教育によって、免疫を与えられていたんだ。俺に教えてくれた先生もふくめて、優れたウィーンのピアニストたちはみんな、世界中でもてはやされているこのテの演奏を過大評価しないようにしていた。つまり、なるほどたしかにあのピアニストはすごく速く、すごく大きな音で、まあ、たとえばチャイコフスキーかなんかを弾きまくることができるし、そのうえ、トスカニーニの娘と結婚することだってできる。でも、彼はいちばん肝心な音楽というものについては、遺憾ながら、ほんのわずかしかわかっていない、っていうことなんだ。そんなわけで、俺はホロヴィッツの演奏を、なかなかちゃんと聴こうという気になれなかった。それに、ああいうふうにたいした根拠もないのにエラソーにするのは、俺は大嫌いだしね。まあ、いいさ。ホロヴィッツは死んだ。死んだ人のことを悪く言っちゃいけない。でも俺としては、彼の演奏に感銘を受けたことは一度もなかったんだ。その後、彼が弾いたハイドンのソナタのどれかを聴かされたことがあったけど、なんだか途方に暮れているっていう感じの演

奏で、聴いていて辛かった。もちろんアメリカ人にとっては、そうじゃないんだろう。彼らはどっちみち、何もわかりゃあしないんだから。あるいは、彼らにとっては肝心の音楽はどうでもいいんだ。でも俺にとっては、それはやっぱりどうでもよくはない。そこのところがいちばん大事なんだ。

そこへいくと、ルービンシュタインは違ってた。彼はチャーミングなところがあったし、やたらに弾きまくるタイプじゃなかった。非常に端正なピアニストなんだけど、どこか気楽なくつろいだ雰囲気があった。彼がショパンの協奏曲を弾いたヴィデオ録画があって、最近また見る機会があったけど、相変わらず聴いていて素晴らしいし、見ていても楽しめる。彼の演奏も俺とは違う流派の演奏だけど、そこにはもの狂おしいファナティズムはないし、やたらバリバリ弾きまくるあのいやな趣味もない。完璧な演奏をする人だけど、彼はいつも世慣れた紳士という感じだった。そこには人を惹きつけるものがあったし、それは今見てもそうなんだ。それにルービンシュタインは——俺はそのことをとても重視するけど——ピアノという楽器をきれいに響かせることができる。タッチがいいわけで、ようするに音がきれいなんだ。この点に関して俺がしんそこ感心するのは、ルービンシュタインとミケランジェリの両氏の名人技だね——ま、俺自身については、謙譲の美徳をもって除外させていただくけど。彼らが弾けばピアノは鳴る。素晴らしい音で鳴るんだ。反対に、ただもう鍵盤をバンバン叩いているだけ、っていうヤツらもいる。楽器は最高なんだけどね。こういうのはゴメンだよ。

このタッチのセンスっていうのは、どの流派で学んだかじゃなくて、まったく特別な才能で、非常に稀なものなんだ。チック・コリアなんかは、間接的にはミケランジェリの生徒の一人っていうことになる。あいつはミケランジェリの生徒からピアノを学んだからね。ジャズ・ピアニストたちのなかじゃあ、コリアは特別に美しい響きの持ち主、聴けばすぐにコリアとわかる、明るい、水晶のようにクリアーな響きの持ち主ということになっている。そう、そして彼は俺のところで、ちょっとばかりモーツァルトを学んだ、っていうわけさ。彼の演奏を聴けばそれがわかるよ。

ピアノ以外の分野では、今は亡きカラヤンもきれいに響かせることができる人だった。俺はよくこう思ったよ、彼はまあ、あれこれのことはあるし、くだらない演奏もするけれど、彼が振るとオーケストラはなんていったってきれいに響く、いったいどうやるんだろう、ってね。カラヤンはまさに、俺が言うところの響きのセンスってやつを持っていたんだ。

クラシックの領域で、俺が何かを学ばせてもらった人のひとりは、もうとっくに死んだアルフレッド・コルトーだ。俺は若かったころ、彼の演奏を聴いて、たまげたよ。今になってみれば、その理由がわかる。コルトーは型通りの弾き方をしなかったんだ。彼の演奏を聴いていると、この人はまさにコルトー流に弾いている、ほかのだれとも違う弾き方だ、っていう印象があった。俺はコルトーの追っかけまでやったくらいだよ。

俺自身のこととなると、他人に対するような距離をもって見ることはできない。いずれにしても俺の場合、気がついてみたら、この世界のお歴々たち――批評家とか同業のピアニストたちだけど――によって、アッという間に大物扱いされていたんだ。まあ、それだけのことはあったんだろうね。ときどき昔の演奏、たとえばベートーヴェンのソナタの古い録音なんかを、一定の距離をもって聴いてみるけど、ピアニスティックな意味でスゴイもんだね。これならまあ、あんなふうにたちまち有名になったのも無理ないか、って思うよ。

■ミケランジェリとグルダ

ミケランジェリは、そう、ジュネーヴ国際ピアノ・コンクールの戦前の最後の優勝者だった。一九三九年だ。俺の場合は、戦後最初ということになる。そんないきさつもあって、俺は最初からよくミケランジェリと比較された。ほんとうは、だれでも知ってる通り、俺たち二人はまったく違うタイプなんだけどね。ミケランジェリみたいに自分に厳しくて、満足するってことがまるでなくて、ひたすら過酷な苦役ばかり、なんていうんじゃ、さぞかしヒドイ人生だろうと思うよ。あわれなヤツだよ。自分に対しておそろしく厳格な、狂信的完璧主義の奴隷っていう感じ。ピアノをめぐってしょっちゅうトラブルを起こすのも、そのせいさ。自分自身に満足することがほとんどまったくない、というだけでなくて、自分が弾く楽器にも満足できないんだ。自分自身に対する自己破壊的な法外な要求を、ピアノに対しても向けるわけさ。彼は気むずかし屋だと言われてるけど、それは気どりとかポーズとかじゃない。ようするに、自分自身への要求のみかえりなんだ。老大家がそうやって犠牲を払って成し遂げた演奏については、俺としても評価するにやぶさかではないさ。

ベネディッティ＝ミケランジェリっていえば、彼が弾くはずだった演奏会で、俺が聴衆を愚弄したとか侮辱したとかで、非難されたことがあった。数年前のことだけど、二人のピアニストが突然コンサートをキャンセルしたんだ。一人はルドルフ・ゼルキンで、ウィーンのムジークフェライン・ザールでの二つのコンサートをキャンセルした。もう一人がミケランジェリで、彼は同じウィーンのコンツェルトハウスでのコンサートを一つキャンセルした。俺としては願ったりかなったりだった。その頃の俺は、ピアノを弾くのが楽しくてしょうがない、っていう感じだったんだ。俺は思ったね。「そいつは結構。一人は病気、もう一人は例によってトラブルってわけだ。やってやろうじゃないの」。途方に暮れてる当事者に電話したら、もちろん大喜びさ。そんなわけで、俺は急遽、ちょっとしたグルダ・チクルスをやることになったんだ。

俺としては、それはすごくいい演奏会だった。でもミケランジェリを聴くつもりだった聴衆にとっては、そうじゃなかったんだね。あれは、そう、すごく変わった、一種独特の聴衆だった。だいたいが金持ちでお上品なイタリアの年配の御婦人方で、ようは、彼女たちのアイドルの追っかけをやっているんだ。これはもう、たまったもんじゃない。そのアイドルがまたもやキャンセルってわけで、俺が登場して、この聴衆を前にして好きなように弾きまくった。俺にとっては苦手な聴衆だったけど、もちろん向こうにしたって、俺はとんでもないピアニストだったんだろうね。なにしろ、このコンサートの第二部では、俺はリンペ・フクスとのデュオで「フリー」にやっちゃったんだからね。お客さんたちがどんな反応をしたか、想像できるかい?

もっともみなさん、しつけがよろしいようで、無作法なことはなさらないから、ただ出ていっただけさ。そう、三、四割は退場したかなあ。そうすることで彼らは、こんなものには興味がない、っていう意思表示をしたんだ。それはそれで、かまわないさ。出ていく客を引き留めようなんて思わない。俺としてはただ、この機会を利用して、俺の考えではおおいに意味のあるプログラムで、三部からなるグルダ・チクルスをやらせていただいた、っていうだけのことさ。

■聴衆

ミケランジェリの場合、聴衆がコケにされたと感ずるのは、彼がしょっちゅうスッポカすからだけど、俺の場合は――聞くところでは――自分のコンサートで何を弾くかを前もって明らかにしないから、ということらしい。俺だってバカじゃないから、いろいろ折れるべきところは折れるさ！　それに本来、俺は聴衆に配慮するタイプの演奏家なんだよ。でも自分が何を弾くかは、その時どきの関心のありようによるし、とりわけ聴衆がどう反応するかってことに、ものすごく影響される。俺の場合、まず舞台に出ていく。とにかく何かを弾き始めなきゃならない。暗闇に鉄砲を撃つようなものさ。そのうち、聴衆に何が気に入られているか、何がとくにウケていて、彼らが俺の演奏会にどのくらい参加していて、どういう方向でそれを一緒につくり上げているか、ってことが、なんとなくわかってくる。そうなればしめたものさ。あとはもう理想的に進行していくんだ。

たいていの場合は、演奏会の前半、つまり休憩に入る前のぶんの曲は、あらかじめ考えてある。でも経験から言えるのは、休憩に入る頃にようやく雰囲気がほぐれてきて、聴衆と「プレイ」できるっていう感じになるんだ。音楽や楽器でプレイできるだけじゃなくて、聴衆ともプレイできるようになって、ある種のやりとりというか、交流が生まれる。そうなると、演奏会はその時どきの状況にしたがって進んでいく。それをつくり出すのはその土地であり、ホールであり、楽器であり、そして聴衆なんだ。

ずいぶん昔だけど、俺はかつて日記にこう書いたことがある。「愛することは、いつも愛されることにつながった。なんで成功の心配などする必要があろうか」。こうも書いたっけ。「聴衆に対して正しい姿勢で相対すれば、成功はおのずともたらされる」。つまり、舞台の上から聴衆をつかめばいいんだ。聴衆をある種のやり方で受け入れるのさ。たしかに時には、残念ながら、聴衆に無理強いせざるを得ないこともある。でもそれは例外的な場合だ。俺は聴衆と共演するのが大好きなんだよ。つまり、舞台の下からくるもの、聴衆から——そう、いい聴衆から——こちらにもたらされるものと一緒にプレイするのが好きなんだ。これはほとんど、エロチックな関係と言ってもいいくらいさ。たしかに、狭い意味でのエロチックな接触ではないけど、もっと広い意味での、昇華された意味でのエロチックな関係なんだ。聴衆とプレイして、彼らを喜ばせて、彼らの満足によって、またこちらもますますその気にさせられる、ってわけ。それは一種のセックス・プレイなんだよ。「愛することは、いつも愛されることにつながった」っていうのは、もちろん女性についても言えることだ。きみがある女性に対して親切にして、彼女が本当に好きなんだっていうことを彼女が感じ取ったら、その女性は必ずきみのことが好きになる。とにかく俺の場合は、いつだってそうだった。もっとも、俺は女性に関しちゃ、それほどの大家ってわけじゃないよ。関心の対象としては、女性はせいぜい二番目ってとこさ。でも経験から言えるんだ。きみがある女性に優しくして、彼女が「私、性格的にも外面的にも、この人に気に入られているんだ」っていう気持ちを持ったら、もう気持ちが通じ合う。そうなればもう、手間暇かかる手続きは必要ないし、七面倒な〈仕上げ〉なんてのもいらないんだ。女性が望んでいるのは、もっぱら、きみが彼女にゾッコンなんだってことを、彼女に態度で示すことなんだよ。

　一九七〇年代には、聴衆との関係がとくにやっかいだった。あの頃は激動の時代で、俺は演奏会を主催する連中の慣例主義の圧力に抵抗しながら、本当に消耗したよ。連中はかならず、前もってプログラムを教えろ、って言うんだ。しょうがないから、俺も折れてこう言った。「じゃあ、まあとにかく、チラシには何かの曲名を書いておいたらいいでしょう。でも言っときますけどね、私としてはいつでも予告を変更する権利を確保しておきますからね」。じっさい俺は、しょっちゅう予告したプログラムを変えた。そうすると、決まってゴタゴタさ。演奏会のあとで、俺は主催者に「だから何も書かなきゃよかったんだ、フリードリヒ・グルダって書くだけでよかったんだ」って言った。主催者は、そんなことはできないと言う。そういう調子で言い争いさ。まったく、バカらしいったらありゃあしない。臆病と無関心と無理解を敵にまわして戦わなくちゃならないんだ。ただひたすら、慣習だからという理由だけで、絶対にプログラムを前もって提示しろ、ってんだからね。これまでいつもそうだった、だから今後もそうでなくてはならない、っていうわけさ。連中は墓穴から出られないでいるんだ。そんなわけで、もめ事とかスキャンダルとか大騒ぎとか、まあいろいろ、やたらにたくさんあったよ。

　こういう俺の立場は、信条の表明でもあったし、俺の性格の現われでもあったと思う。以前と同様に現在も、俺は瞬間的なインスピレーションというものをすごく重視している。

まあ今では、七十年代当時ほどではないけど。もっとも、プログラムを事前に予告して、弾く曲目を決めておく場合だって、そういう要素がまったくなくなるってわけじゃない。そういう場合でも、瞬間的なもの、予見できないもの、即興的なもののための余地が、じゅうぶんなくちゃいけないんだ。俺のビッグな友人のザヴィヌルは、俺にこう言ったことがある。「そうなんだ、いちばんステキな驚きっていうのは、それによって自分自身がビックリするような、そういう驚きなんだ」。俺はヤツに言ったよ、「おいおい、だれに向かって言ってんだい、俺がそのことを知らないみたいじゃないか」ってね。それで俺たちは心から大笑いして、お互いどうしを完全に理解し合ったんだ。

イタリアでのいくつかのコンサートでは、この美しい国の主催者たちが、俺の方針に同意してくれた。ただ「グルダ」とだけ書いて、ほかにはプログラムの内容を何も予告しなくてよかったんだ。だから俺は、まったく自由に、あの頃まさに弾きたかった曲を弾くことができた。

俺自身にとってちょっとばかり驚きなのは、俺が始終抱いてきたあの不滅の大家ヴォルフガング・アマデウスに対する敬意が——ことさら意識したわけでもないし、自分でもなぜかよくわからないんだけど——ますます大きなものになってきたことだ。このトシになっても、モーツァルトにはますます多くの時間を捧げるようになってるよ。もちろん、以前からそうだった。ウィーンでの〈モーツァルト・フォア・ザ・ピープル〉だってそうだし、ランディー・ニューマンとのコンサートだってそうだ。ニューマンはロック歌手、それもすごい人気の大物なんだ。彼がウィーンでコンサートをやったとき、彼は前座のプログラムを要求した。アメリカでは、メイン・プログラムの前にギタリストかなんかが登場して三、四曲歌うのが通例なんだ。そうやって、聴衆の気分を前もって盛り上げておくわけさ。ニューマンはウィーンでもそうしたいと思って、ウィーンのマネージャーにその希望を伝えた。その話を俺が小耳にはさんだ、ってわけさ。俺は考えたね。「こりゃ絶好のチャンスだ。ニューマンのコンサートなら、クラシック・ファンがいないことは確実だ。連中はそんなところに行きゃしない。こいつは幸いだ。やってやろうじゃないか。前座でモーツァルトを弾いて、ビックリさせてやるぞ。まあ、みてろって」。

聴衆はみんな了解してくれた。そして、それ見たことか、喜んでくれて、演奏は最高にいい感じで進んだ。そのあとでやるニューマンは大変だったよ。なにしろ彼はプロ中のプロだし、俺が聴衆を最高の熱狂的な状態にもっていったことは、もちろんわかっていた。俺はけっして長い時間弾いたわけじゃない。せいぜいのところ、ぜんぶで二十分くらいさ。でも聴衆は「ノック・アウト」されちゃったんだね。前座のほうがメイン・プログラムより強力ってことは、しょっちゅうではないにしても、ときにはある。面目丸つぶれだろうけど、俺は同情なんかしない。まあ、ニューマンも自分を慰めればいいさ。ローリング・ストーンズにだって起こったことなんだから。そう、ローリング・ストーンズはうかつにも、アース・ウィンド・アンド・ファイアーに前座をやらせたところが、こいつらにすっかり喰われて、影が薄くなっちゃったんだ。そういうことはけっこうあるわけで、ニューマンの場合にも起こったっていうことさ。なにしろ聴衆は、俺の演奏に対してアンコールを求めて大騒ぎなんだから、そのあとでやらなきゃならないニューマンは、さぞ困り果てたと思うよ。俺はサッサと帰っちゃって、あとのことは知らなかったけど。

■スキャンダル

そのときは、ウィーンにあと二日滞在したんだけど、街に出てみたら、なんと〈バッハ・フォア・ザ・ピープル〉っていうポスターが張ってあって、俺が出演することになってるじゃないか。俺は、これはなんともおかしな話だぜと思って、さっそく主催者に抗議した。「あんた、頭がオカシイんじゃないの。せめて俺に訊くぐらいしたっていいだろう？　俺が契約したかい？　してないだろう。俺が承諾したかい？　してないだろう。だのに、なんでこんなポスターを印刷するんだ。まったく、どういうつもりなんだ！」。そしたら相手はこうだ。「まあ、そうはいっても、もうどうすることもできませんよ。前売りは始まっているんですから」。それで俺は、じゃあ思い知らせてやる、って思ったんだ。そんな次第で、俺はオサラバしたんだ。みんなが大騒ぎしたように、チェスに興ずるためじゃあない。チェスをしたことはしたけど、それは、この件での不愉快な気持ちをなんとか鎮めるために気晴らしが必要だったからで、チェスを楽しんだわけじゃないさ。

あのスキャンダルは、本当はそういう次第だったんだ。ところが、バカな新聞記者たちは、もちろん、こう書くわけさ――「グルダはコンサートで弾くより、チェスに興ずるほうがいい。チェスをするために、グルダは満席の演奏会をスッポカした！」。たしかに俺は、満席の演奏会をほっぽりだしたさ。でも、なにもチェスをするためじゃない。マネージャーのあまりにもヒドイやり方のせいさ。なるほど、俺はチェスをしに行ったよ。でもそれは、あくまでも気晴らしのためさ。俺のホビーはチェスだもの。

その頃だったか、ある〈フリー・コンサート〉でも不愉快なことがあった。聴衆のなかに、少数だけど何人かバカ騒ぎするヤツがいたんだ。数人のチンピラなんだけど、こいつらが俺のコンサートをさんざん邪魔した。ブチ壊した、と言ってもいいくらいさ。それで俺は、自衛手段として、この演奏会に出演するのをヤメた。ちなみにこの演奏会も、俺の承諾なんてまったくなしに予告されたものだったんだ。俺としては、聴衆のなかの一部の不快な連中と主催者の両方に、思い知らせてやりたかったんだ。まあ、これなんか、ごく小さなスキャンダルだけど、ひどく大げさに伝えられるこういうゴタゴタは、しょっちゅう起こることの一つに過ぎないんだよ。俺の行動は、いわば教育的・教訓的な措置だったんであって、明瞭なやり方で、あるいは冗談っぽいと言ってもいいくらいのやり方で、主催者に対してこう言ってやったわけなんだ――第一に、演奏家に訊くことなしにコンサートの予告をしないこと。第二に、演奏会ではお行儀よくしているよう、聴衆に言っておくこと。こういうふうにして、主催者と聴衆の両方が、教訓を学んだってわけさ。これがいい結果をもたらしたことを、俺は願っている。

一九八八年のザルツブルクでもゴタゴタがあった。このときは、俺はすぐさま、自分から進んで行動を起こさないわけにはいかなかった。ザルツブルク音楽祭の当局が——連中に音楽がわかるのかどうか知らないが、いずれにしてもカラヤンの言いなりになって——あるコンサート企画の主催者に対して、指揮者のアーノンクールが出演することを、なんの根拠もなしに禁止したんだ。思い上がりもいいとこで、前代未聞のひどい話さ。連中がだれと出演契約を結ぼうと、それは勝手だよ。でも音楽祭当局として、アーノンクール氏がザルツブルクで指揮することはまかりならぬ、なんていうことは許されない。「だれが主催するかは問題ではない、我われが——あるいは、神のごときカラヤンが？——それを禁ずる」っていうんだからね。ひどい話だよ。信じられないくらい卑劣で失礼なことだから、俺はこう心に決めた。「ようし、お前たちにひとアワ吹かせてやる。それも、これまでにないやり方でな」。そして俺は、それを実行に移したんだ。たしかに、やり方が意地悪で、くだらないトリックを使ったことは、俺も認めるさ。つまり俺は、音楽祭当局とのあいだで、三回出演する契約を結んでおいて、それと同時に、俺が勝手にドーム広場でアーノンクールの指揮で演奏会をすることにしたんだ。そんなわけで、連中はアーノンクールが指揮するのを禁止することもできなければ、俺も追い出すこともできない、というハメになった。なにしろ連中は、「どうか出演してくれ」ということでまず俺と契約していたんだからね。音楽祭当局は、困り果てたすえに、けっきょくアーノンクールが指揮することを「許可する」ということになった。カラヤン氏は、自分がこれを許可したということを、テレビで釈明する必要を感じたらしい。俺はたまたまミュンヘンで、この釈明を見た。最初は音楽祭当局が禁止したものの、カラヤン氏がそれを許可した、っていう釈明さ。俺としては、まさに、してやったりだったね。あの思い上がりもはなはだしい、権力に酔いしれている音楽祭当局のアホどもに、彼らの権力の限界を思い知らせてやったんだ。そしてそれと同時に、この機会にカラヤンに対しても、彼が俺に対して何かを禁止することも、また許可することもできやしない、ってことをはっきり知らせてさし上げたんだ。そういうわけで、俺は嫌われ者のアーノンクールと共演したあと、世界に名だたるザルツブルク音楽祭のコンサートを——失礼ながら——スッポカさせていただいたんだ。

カラヤンは疑いもなく偉大な音楽家だった。でも、分別をなくしてひどく思い上がっているということになれば、権力の限界をはっきり思い知らせなくちゃいけない。ザルツブルクという田舎町で、だれもそれをする勇気がなかったところへ俺が来て、敢えてそれをやった、っていうことさ。このゴタゴタのあと、連中は、夏のあいだ中テンテコ舞いしていたよ。その様子を眺めているのは、俺にとっては最高の楽しみだった。とりわけ、地中海のイビーザ島の海岸で、きれいな裸の女の子たちを横目で眺めながらだから、言うことなしさ。『南ドイツ新聞』とかウィーンの『クリーア』なんかで、ザルツブルクのアホどもが相変わらずタワケたことを言っているのを読むわけさ。あるときは女の子たちに視線を移し、またあるときは新聞に視線を移す、っていうのは、それこそ筆舌につくし難い快楽だったね！

■《チェロ協奏曲》をめぐって

もちろん俺はイビーザ島で、チェロ奏者のハインリヒ・シフがザルツブルク音楽祭でどんな振る舞いをするかについても、関心を持っていた。俺のチェロ協奏曲はシフのために書いた曲で、彼は俺の指揮で何度もこの協奏曲を演奏してきたんだが、それを今やほかの指揮者と一緒にザルツブルクで演奏するはめになったんだからね。

じつはシフってやつは、初めから俺をペテンにかけたんだ。彼が初めて俺のところへやってきたときは、すぐにお引き取り願った。その後またやってきて、そんなことが何度か続いた。彼は俺とベートーヴェンのチェロ・ソナタを演奏したいと考えていたんだが、それが望み薄なことはわかっていた。それをなんとか実現するには、何か回り道を考えなくてはならなかったんだ。俺は彼にいつもこう言っていたからね――「なあ、きみ、期待してもらってもダメだよ。私はチェロに関しては、フルニエにすっかり入れこんでいる。たときみとの共演がどんなに素晴らしいとしても、やるつもりはないんだ」。でもその後、俺もけっきょく軟化して、少しばかりシフと共演をした。そう、ベートーヴェンの短いイ長調のソナタだ。結果は予想していた通り、たしかに非常にいい演奏だったけど、俺はそのうえさらに彼とやる気はなかった。「なんで、やらにゃいけねえんだ?」って感じで、俺は彼に「やりたかないんで期待しないでくれ」って言ったんだ。

それでもシフは、なんとか俺の気持ちを変えさせようとして、俺にこう頼んできた――「それなら、せめて私のために何か書いてくださいよ!」ってね。彼は、俺が何か曲を書くことをアテにした、あるいは望んだんだ。そうすれば、それを演奏できる。そんなもの、よほどの物好きでもないかぎり、だれも聴こうなんて思わない。チュカンとかエーダーの現代曲なんてだれも聴きゃあしないのさ。だれも知らない曲なんだから、間違えたってわかりゃあしない。練習もしなくていいわけだ。暗譜の必要だってない。弾くのは一度か、せいぜい二度。初演が最後の演奏ってこともしょっちゅうだからね。シフにとって唯一の目的は、新聞に「シフ氏は現代作品に積極的に取り組んでいる」って書かれることなんだ。彼が内心では、その作品をちっともいいと思ってなくてもかまわないのさ。自分のキャリアのために有利だと思えば、平気でウソを言うんだ。バカな批評家が「シフ氏の現代作品への肩入れには、目ざましいものがある」とでも書いてくれれば、御の字ってわけさ。

俺を相手に、シフはこうしようと考えたんだ――「このロクでもないグルダ作曲の作品を弾いてやる。そのかわりグルダには、私とベートーヴェンのソナタを弾いてもらう」。これが、俺に取り入るためのヤツの計算だったんだ。ところがドッコイ、俺がヤツのために書いた協奏曲がすごい成功作になったもんだから、ヤツの計算はすっかり狂ってしまった。およそ起こり得る最悪のことが起こってしまったのさ。なにせ、彼の本来の目的がどんどん遠ざかってしまうことになったんだからね。シフはこの協奏曲を自分で注文して、自分のために書いてもらって、俺との共演によって大成功を収めたわけだけど、この曲に肩入れするつもりは、まったくなかった。そんなわけで俺は、ヤツに対しては気を悪くしていたんだ。案の定、このザルツブルク音楽祭では、シフはうまく立ちまわって、当局に取り入った。そりゃまあ、たしかに、グルダの作品を演奏するなんてことになったら、あそこの尻野穴男《アルシュロッホ》氏たちの御機嫌を損ないかねないからね。ヤツは男を下げたよ。ヤツとはもう関わり合いになるつもりはないね。気骨なんてまるでないんだから、そりゃ、コトは簡単さ。グルダの曲の代わりに、差し障りのないハイドンの曲かなんかにすればすむ。当局のどうしようもない低能たちに、せいぜい取り入ればいいさ。

シフはたしかにすごいチェリストだ。俺はヤツにはヒドイ目にあわされたけど、それでも最終的にはある程度は彼に感謝している。この協奏曲を成功にみちびいてくれたんだからね。とくにレコードは大成功だった。まあ、もっとも、俺のイニシアチヴのもとでやったからこそさ。彼はかつてだれと組んだときも、俺と一緒にやったときほどいい演奏はしなかったし、これから先もだれと組んだって俺と組むほどうまくはいかないだろう。それは彼自身だってわかっているはずさ。たぶん彼は、そうは思いたくないという気持ちが強いだろう。とにかく彼は俺を裏切ったんだから、俺としては彼はもう過去の人物さ。

バーンスタイン

俺を裏切ったんじゃなくて、ガッカリさせたのはバーンスタインだ。あれはブエノスアイレスでのことだった。バーンスタインはその土地のオーケストラと、モーツァルトのピアノ協奏曲をやったんだ。とびきりというわけじゃないけど、ちゃんとしたオーケストラだったよ。バーンスタインはピアノを弾きながら指揮をした。俺はちっともいいと思わなかった。今でもそう思うよ。甘ったるくてナヨナヨした、非モーツァルト的な演奏だった。演奏会のあと、レセプションがあった。俺は直接に感想をきかれたわけじゃないけど、いずれにしても、多少なりとも肯定的なことを言うのは、ひどくむずかしいと思った。だから俺はほとんど何も言わなかったし、まわりでもテキトウな美辞麗句が交わされていた。そして当のバーンスタインはといえば、いつものように、ひどく酔っぱらっていた。ウィスキーをひと瓶空けるほどさ。パーティもなかばの頃には、バーンスタインはほとんど酩酊状態だった。俺も飲んでいた。もっともそんなにたくさんじゃないけどね。そして、いつの間にか、どういうわけか、俺たちは二人でピアノに向かって座って、連弾を始めたんだ。

俺はもちろん、こう考えた――「よーし、なんてったたって、バーンスタインだ。これはもう、ジャズ・ナンバーを弾かなくちゃあ」。バーンスタインなら、当然ジャズがやれると思ったんだ。《ウェスト・サイド・ストーリー》の作曲者で、ふだんからデューク・エリントンとかなんとかの名前を口にしている彼のことだから、ジャズがやれるに違いない、と思うじゃないか。それに、むずかしい曲をやるわけでもないんだ。始めた曲は（ガーシュウィンの）〈レディー・ビー・グッド〉。Bフラット・メジャーの簡単なブルースの曲さ。ところがナント、驚いたことに、バーンスタインはこの曲をぜんぜん知らないってことがわかったんだ。すべてはウソ八百だったたんだよ。彼が、アメリカ人にしてはメロディーとか全体の雰囲気といったものに対する「フィーリング」を多少なりとも持っている、っていうことは認めてもいい。でも、ジャズ音楽の構造とかコードの決まりとかについては、奴さん、まるっきりわかっちゃいないんだ。俺は驚いたことも驚いたけど、それよりも腹が立ったよ。さっき聴いたヘタなモーツァルトの演奏より腹が立った。あのクラシックの演奏だって、甘ったるくて、ナヨナヨしていて、コケティッシュで、とにかくおよそモーツァルト的とはいえない。思い出すのもいやなくらいだよ。さらに悪いことには、馬鹿な連中が、それをことのほかモーツァルト的な演奏だなんて持ち上げるものだから、バーンスタインはますますいい気になって、その無理解を助長してしまっているんだ。いまわしいことさ。

そう、話を戻そう。ピアノに向かって座って、じゃあ〈レディー・ビー・グッド〉をやろう、ってことになった。そしたら、奴さん、Fメジャーで三二小節ぶん弾くべきところを、なんとBマイナーで一九小節、弾いてくれちゃうんだ。俺としちゃあ、やってられないよ。せっかくの楽しみを台無しにされて、笑う気にもなれやしない。俺はしょうがないから、うんと大きな音で弾いて、奴さんが鳴らす音ができるだけ聞こえないようにしたよ。バーンスタインは、そのあとさらにまたガブ飲みしてた。まあ、その方が賢明だったかもしれないね。もちろん俺は、バーンスタインが何もできない男だ、なんて言うつもりはない。最近また彼が指揮するのを聴いた。《第九》だった。すごくいい、立派な演奏だったよ。彼はヘンなオッサンだけど、たしかに大指揮者ではあるんだ。

■ベーム、セル、カラヤン

そこへいくと、一緒に演奏できて心から満足だったのは、老大家のカール・ベームだった。ベルリンでも、それからミュンヘンでも共演したけど、俺は感銘を受けたね。リハーサルをやっていて、これは俺と同じくらい強力な奴だって感ずる指揮者は、そうはいないけど、ベームはそういう指揮者のひとりだった。ベームと共演した曲はベートーヴェンのピアノ協奏曲第四番だった。あの曲はピアノが数小節ソロで弾いて始まって、それから長いトゥッティ（総奏）になる。ベームはこのトゥッティをじつに素晴らしく演奏した。だから俺はそれを聴きながら、「こりゃあ、ひとつがんばって、俺の持っている可能性の限界まで出し切らなくちゃあ。でないと、このジイサンに負けちまうぞ」って思った。ベームはいつもヨボヨボの好々爺って感じだったけど、それは見かけだけで、本当はものすごく強力なジイサンだったんだ。

その点はジョージ・セルも同様だった。セルとの関係は上々だったよ。セルについては前からいろいろ噂を聞いていたけど、まさにその通りの人だった。怒りっぽくて、無愛想なんだ。全面的な服従を要求する人で、じっさい服従させてしまう。俺もセルの指揮のときは、よろこんで従ったよ。なにしろ素晴らしいんだ。演奏をしていて、いつも、それ以上のものは考えられない、っていうふうなんだ。ウィーンでやったコンサートの録音がひとつある。古風な演奏だけど、すごくいい。まったく、たいした指揮者だったよ。

大指揮者カラヤンの死も、俺は重大な出来事として受けとめた。でもカラヤンの死をめぐって、とりわけザルツブルクで鳴り物入りで繰りひろげられたあの大騒ぎは、俺に言わせれば、おぞましい欺瞞そのものだよ。ほとんど国葬っていう感じで、ひどく仰々しい葬儀が執り行なわれた。でも本当は、葬儀をした連中の大多数は、カラヤンがいなくなってホッとしてたんだ。ザルツブルクの連中がいかに嘘つきか、っていうことのいい例だよ。カラヤンは独裁者だったから、連中はみんな、とっくに彼を持てあましていた。表向きには弔意を表明しながら、裏ではほとんどのヤツは喜んでいたんだ。俺自身はどうかといえば、喜んでいなかった。俺はカラヤンが死んだあと、ミュンヘンのコンサートで、葬送の曲を弾いたよ。それは俺にとって、じつに奇妙な巡り合わせだったんだ。というのも、そのころ俺は、一種の舞台作品のプランを考えていたんだけど、そのなかの登場人物として、ひとりの支配者を考えていた。絶対的支配者という感じのタイプで、たしかにカラヤンを思わせるところのある人物だった。この登場人物は、この作品の物語のなかで死ぬことになる。この作品のなかのいくつかの断片的な曲は、演奏会形式でミュンヘンで演奏もされたんだ。支配者の死のための葬送曲は、もう書き上げてあった。ベートーヴェンの作品二六のピアノ・ソナタの葬送行進曲を自由にアレンジした曲なんだ。この曲を演奏したとき、俺は聴衆に座席から立ち上がってもらって、一緒に弔意を表してもらった。俺はそれを、まったく真面目な気持ちでやったんだ。

俺は二十四歳のとき、ベルリンで最初のベートーヴェン・チクルスをやったんだけど、作品一〇九、一一〇、一一一の三つを弾いた最後の晩——ちなみに俺は、ベートーヴェンの全ソナタを年代順に演奏した最初のピアニストなんだよ——そう、この最後の晩にヴィルヘルム・フルトヴェングラーが死んだんだ。俺は当時の俺のマネージャーをやっていた女性に、この訃報が本当かどうか確かめてもらってから、舞台に出ていって、聴衆にこう言った——「みなさん。非常に悲しい出来事についてお知らせします。指導的なドイツの音楽家のひとりであるヴィルヘルム・フルトヴェングラーが亡くなりました」。聴衆は、求められるともなく、みんな一斉に起立したっけ。そう、あれはベルリンでのことだった。カラヤンが死んだとき、ミュンヘンの聴衆は、促されてはじめて起立した。そして奇妙なことには、聴衆はそう促されたときも、ためらいがちに起立したもんだ。なかには、抗議の意味をこめてか、遅れてしぶしぶという感じで立つ人も少なくなかった。それどころか、座ったままの人も何人かいたよ。それがカラヤンに対する彼らの気持ちの表明なのか、それとも俺に向けられたものなのかはわからない。知りようがないからね。まあ、どちらにしたって、俺の知ったことじゃないさ。

もちろん、この二つのケースを単純に比較するわけにはいかない。カラヤンが死んだ頃は、フルトヴェングラーが死んだ頃の俺とは違っていた。歳をとって俺なりに成長したせいか、ああいう支配者タイプに対しては、俺の書いた舞台作品の中だけじゃなくて、現実生活においても、距離をとるようになってきた。それは俺の音楽にも現われているんだ。いずれにしても、この二つは似たような出来事だってわけで、俺はこう思ったね――「そうさ、こういうことさ。三十五年後に、フルトヴェングラーの後がまが死んだんだ。そして俺はまた、こうして葬送行進曲を弾いている」。

ザルツブルクの後継者たち

カラヤンの後継者について言うと、そう、まだジイサンが生きていた頃から、もうランデスマンが徐々に動き出していた。まあ、何も変わりはしないだろうさ。ランデスマン氏がやっていること、あるいはやろうとしていることは、所詮、美容とか化粧みたいなものでしかないんだ。そして俺は、まさにそういうことすべてに対して、根本的に異議を申し立てたいと思ってるんだ。今ここで――いやここだけじゃなくて、ほかのところでもだけど――やるべきことがあるとしたら、それは、「公認された音楽界」がワールド・ミュージックの方向に門戸を開く、ってことだよ。個人名を使って言わせてもらえば、ようするに、グルダ氏のものの考え方を文化政策に取り入れる、ってことさ。ところが、カラヤンにしてもランデスマンにしても、アバドにしてもモルティエにしても、さらにそのほかのお偉方たちにしても、そうしようなんて気はまったくない。連中には、いつまでたっても何が問題なのかが、わからないんだからね。だって、そうだろう、モルティエなんか相も変わらず、「我われには何十という不朽の名作オペラがある。これをそれぞれの時代にふさわしいやり方で上演することが、来たるべき世代の、あるいは我われの世代の――ひょっとしたら彼自身の、ってワケ?――使命である」なんて言ってるんだから。

俺だって、それはそれで大いに結構なことだと思うよ。でも、創造性っていう、いちばん大事なことが忘れられているんだ。モルティエ氏がそれにまったく関心がない、ってことが明白なんだ。彼は《ドン・ジョヴァンニ》とか《フィガロ》とか、あるいは二、三人のイタリア・オペラの作曲家の作品とか、ワーグナーとか、ようするに評価の定まった名作しかやろうとしない。再生産だけしてればいいと思っているんだ。俺は、それだけじゃダメだと思ってきたし、今もそう思っている。彼らに「あんたら、クリエイティヴじゃないよ。ゴリッパなことをおやりかもしれないけど、二次的なものばかりじゃないか」って言ってやりたいね。

そもそも最初にザルツブルク音楽祭を始めたのは、ラインハルト、ホフマンスタール、それにリヒャルト・シュトラウスっていう偉大な三馬鹿たちだった。彼らが「なんかやろうよ」っていうことで、始めたんだ。そして彼らの考えたアイディアは、すごく生き生きとして、冒険的で、新鮮で、そして明らかに論争を歓迎するものだった。ところがそれが、年月がたつうちに、すっかり硬直したものになってしまったんだ。

〈青少年の登場シーン〉っていうフェスティヴァルにしても、残念なことに、すでに同じような傾向が現われている。こちらのほうも、始めた当初は「我われは何か違うことをやる、そのためには強力に方針を推し進める」って言っていた。でも、今じゃあ似たようなことになってきている。まあ、ザルツブルク音楽祭ほどじゃあないけど、徐々にそちらの方向に向かいつつあるんだ。もう中身がどんなものかわかる感じで、プログラムにしたって、ますます野心的でなくなってきている。悪い意味でますます安全なものになってきているんだ。これじゃあ、いずれはザルツブルク音楽祭と同じようなことを、二段階レベルを下げてやるだけのことになってしまうだろう。これはかなり手厳しい評価だけど、言わずにおくわけにはいかない。俺がまたしばらくこの〈青少年の登場シーン〉から手を引くのも、そんなことがあるからなんだ。こういうふうになってしまうのは、避けられないことなんだけど、それにしても残念だと思うよ。

俺自身の企画したフェスティヴァルでも、こういう傾向が見られた。そう、ケルンテン州のオシアッハでのフェスティヴァルだよ。でも俺は、そうなるくらいならと思って、前代未聞のスキャンダル・コンサートでもって、フェスティヴァル全体を――完全に意図的に――ブッ壊してやったんだ。そのための計略とか意地悪な方法なんてのは、俺はちゃんと知っているからね。俺が本気になったとしたら、俺はおそらく、とびきりの犯罪者になるだろうね。だれにもシッポは摑まれないこと、請け合いさ！

カネのこと

俺が犯罪者的野心を抱かずにきたのは、たぶんカネに対する執着がないせいだろう。心配せずにすめば、それでいいんだ。俺がこれまでに、どのくらいカネを浪費してきたかを知ったら、銀行屋さんはもちろん、カネの取り扱いを商売にしている奴らは、頭かきむしるだろうよ。とくに何か高い物を買う、ってわけじゃなくて、そもそも関心が少なすぎる、ってだけのことなんだ。生活の心配をしなくていいくらいのカネがあれば、俺にとってはカネなんかどうでもいい。

言っとくけど、俺はこれまで億万長者になったことなんか、一度もないんだ。マイケル・ジャクソンとか、たぶんカラヤンなんかも、スゴイ金持ちなんだろうけど、俺はぜんぜんそんなんじゃない。俺にとってのスゴイ大金となると、一億ドルくらいからかなあ。まあ、一億シリングでもいいけど。でも、そんな大金、俺は持ってないよ。ある程度いい生活をするくらいのカネは稼いだけど、億万長者なんかじゃないさ。

もちろん、俺の収入の大部分が、いわゆるクラシック音楽によって得たものだ、というのは確かさ。でも、年を追うごとに、作曲による収入も増えてきてるんだ。著作権協会で調べてもらえばわかるさ。もちろんレコードによる収入もあるし、それからコンサートも。でもコンサートによる収入は、どちらかというと少ない。俺の場合、一回が五万マルクくらいかなあ。そう、でもとにかく、作曲によってだって稼いでいる。作曲による収入では、チェロ協奏曲が断然トップだ。今、仮にもう何もしないとしても、チェロ協奏曲だけで生活していけるだろう。それも、かなりいい生活をね。俺はベートーヴェンとかモーツァルトとか、その他のクラシックの演奏だけで喰ってるわけじゃない。始めも今も、それは部分的にそうであるだけなんだ。

カネのことで、ついでに言っておくと、重要なことの多くは、偶然のおかげなんだ。個人的な理由からカネが足りなくなって、さしあたり急いでカネが必要になったことがあった。そうなんだ、離婚ってやつは、結婚するよりずっと高くつくからね。そんなわけで、ピンチってほどではないけど、もう少しなんとかしないと、っていう感じだったんだ。「しょうがねえな。何かやるしかねえな」ってわけで、俺はアマデオ・レコードでベートーヴェンのソナタ全集を録音することにした。以前からやってくれって言われていたからね。それで俺は、当時アマデオにいたフリートベルクっていう男と、ウィーンのカフェ・インペリアルで会って、あれこれ相談した。いくらでやる？ってわけさ。

俺はとにかく急いでカネを手に入れる必要があった。あさってじゃ困るんだ。そんなわけで、俺としてはひどく不利な要求を出した。即金で二五万シリング、それっきりでいい、って言ったんだ。俺は印税でもらうよりも、すぐに二五万シリング欲しかった。それは多くないけど、一九六八年当時では大金だったんだ。ともあれ、フリートベルク氏にとっては、それでも高すぎた。なにせこの業界じゃあ、三シリング五〇って言ったって、それでも高いってなもんで、どんな場合でも、もう少しマケてくれないか、って泣き言を並べるんだ。もちろん彼らはこう言ってきた──「ウーン、お高いですねェ。その額ではむずかしいでしょうねェ」。それではどうすることもできない、っていうんだ。その後いろいろ交渉したあげく、結局俺たちは前金一〇万と印税っていう線で合意した。それは、フリートベルク氏にとっちゃあ、生涯最悪の商売だった！　もっとも、そうはいったって、奴さんはもちろんタップリ稼いだださ。でも、あの二五万の即金でOKしていたなら、まだ数百万は余計に入っただろうな。

■幻の録音

俺は自分の演奏の録音を——明らかに失敗したもの（俺にだってそういうものはある）は別として——ある種の好意的な関心をもって聴くことができる。そこには、俺の演奏の変化や発展が見て取れるからね。ベートーヴェンのソナタ全集は、名盤ということになっているけど、もちろん、今の俺だったら、この録音みたいには弾かないだろう。でも、今なお十分聴ける演奏だとは思うよ。もっとも、いくつかの曲では、テンポがちょっと極端になっている。速すぎるか、あるいは、もう少しで速すぎてしまう、といった感じなんだ。ひとつ具体的な例をあげれば《ヴァルトシュタイン》の第一楽章。これは俺としては、できることなら、もう一度録音したいという気がしないでもない。でも、それはまったく違ったスタイルの演奏になっちゃうだろうから、やっぱりヤメにしておこうと思うんだ。あの《ヴァルトシュタイン》は、やっぱり一線を超えてしまってる。なにかせかされているみたいで、速すぎる。だから良くない。ほかにも、いくぶん速くなりがちなところが少なくないんだ。そうは言っても、じっさい、自分で聴いていて、こりゃあたいしたもんだって思うことがよくあるよ。だって、じつに仕上がりのいい、粒ぞろいの演奏だもの。ベートーヴェンのソナタ全曲を、ものすごい完璧さで弾きまくっちゃってんだからね。二十年以上たった今聴いても、たいしたもんさ。このレコードがベストセラーになった、そして今なお売れ続けている、っていうことがよくわかるよ。

モーツァルトに関しては、俺はいまだにおそろしく慎重なんだ。本当に満足している録音は、オーケストラと共演したものだけといっていい。アバド指揮のウィーン・フィルハーモニーとやった四つの協奏曲、それにアーノンクール指揮のアムステルダム・コンセルトヘボウとの二つの協奏曲だ。ソロで録音したモーツァルトは一つあるけど、俺はいいと思っていない。いずれもっと歳をとってから、もう一度やってみようと思っている。モーツァルトのソロは、気合いを入れてやらなくちゃあね。俺はかつて、スタジオでモーツァルトのソナタの全曲を録音したことだってある。ものすごく苦労して、細心の注意を払ってやったものの、結局これはボツにしてしまったんだ。レコード会社は頭にきてたさ。なんてもったいないことをするんだ、ってさんざん文句を言った。でもカネがすべてじゃないからね。俺は平然とこの録音テープを捨てちまった。

■モーツァルト！

よく知られるようにモーツァルトは、ピアノのテクニックの点では、ごくわずかな例外をのぞいて、むずかしくはない。難易度はせいぜい中級ってところで、もっとやさしいものだってある。むずかしいのは解釈なんだ。俺は、自分が弾いたモーツァルトのソロの曲の録音に対して、ものすごく厳しい見方をするから、なかなかいいと思わないんだけど、ついでに言わせてもらえば、ほかのピアニストたちのモーツァルトのソロ作品の演奏にも満足していない。自分の演奏以上に不満なんだ。俺はけっこう好意と関心をもって、そういうほかのピアニストたちのモーツァルトを聴くんだけど、たいていは聴いていて、「こりゃ、ひでえや」と思う瞬間があるんだ。

でも、あるとき、ラジオからモーツァルトのピアノ・ソナタの演奏が聴こえてきて、それが、文句なしとは言わないまでも、少なくともおもしろい演奏だったんだ。K・三一〇のイ短調ソナタだった。だれが弾いているのかわからなかった。最初に聴こえてきたとき、俺は「へえー、三一〇ね」って感じで、すぐラジオを消しちまおうと思った。なにしろ、それまでの経験からして、この曲の演奏が良かったためしがないからね。でも、まあ、三十秒から最大限二分くらいは聴いてやってもいいか、って思いなおした。ご苦労なことをやってるのがだれなのか、知りたい気持ちもあったしね。それで聴き続けてみると、これが意外と、「おいおい、なかなか悪くないじゃないか」って感じなんだ。第二楽章は、第一楽章にくらべて良くなかった。遅すぎるんだ。でも、いずれにしても、注目に値するモーツァルトの演奏ではある。終わってから、演奏者の名を聞いて、俺はズッコケたよ。俺の息子のパウルだったんだ。

思えば、俺がパウルと同じくらいの年齢だった頃、俺は将来の計画として、ノートにこう書きつけたものさ――「まずはじめにベートーヴェンの演奏を学ぶ。次がバッハ、そして最後は、巨匠中の巨匠モーツァルトだ！」。もう何十年も前のことだけど、まだ青二才のころから、そういう気がしていたんだ。

モーツァルトはいつも、ふさわしくないやり方で演奏されている。いま俺が問題にするのは、ピアニストたちについてだけどね。オペラやシンフォニーの場合は――とりわけ老大家のカール・ベームのおかげで――幸いにも、状況はちょっと違う。ピアニストたちは、モーツァルトを演奏する際はいつも、プログラムの最初にそれをもってくる。そのために、聴衆の半分はろくにそれを聴かないってことになるんだ。遅れて来る客も多いし、そうでなくたって、「これは易しい曲で、まあ小手調べなんだ」って思ってるからね。バンバン弾きまくるメイン・プログラムは、後半のチャイコフスキーやブラームス等々だってわけさ。でも、これはとんでもない思い違いで、正しい関係の転倒なんだよ。まったく恥ずかしいことだけど、以前は俺自身もこの思い違いをしていた。音楽学校にいると、いや、残念ながらもっと上の音楽院にいても、そう思うようになってしまうんだ。これはまさに犯罪だよ。モーツァルトこそは、おそらく、史上最大の音楽家だったんだからね。俺が音楽について考える場合、俺の思考のなかでモーツァルトほど中心的な位置を占めている作曲家はいない。モーツァルトについては、俺はこう言ってるくらいなんだ――「私にとって、モーツァルトはイエスの次にくる人だ。なぜなら彼は、疑いもなく、人類の最大の恩人のひとりなのだから」。

あのモーツァルト・イヤーの一九九一年が、俺にとってどんな意味を持っていたかって？　俺は、あんなふうに寄ってたかって死者を商売の種にするようなことには、関わりたくないね。俺にとっては、どの年だってモーツァルト・イヤーだし、どの週だってモーツァルト週間なのさ！

■ピアノとウィーンの響き

いつも問題となるのは――モーツァルトの場合もまさにそうだけど――どの楽器で弾くかということだ。俺の場合は、ウィーンのベーゼンドルファーのピアノの響きで育った。俺の両親がさんざん弾き込まれたベーゼンドルファーを家に入れてくれたとき、俺は子供ながらに本当に嬉しかったよ。一九〇三年製造だから、すごく古いやつさ。「平和な時代のもの」ってわけで、その後大勢を占めるようになった英国式のメカニズムじゃなくて、ウィーン式のメカニズムだった。このピアノで俺は十年練習した。すごく気に入ってたんだ。典型的なウィーンのベーゼンドルファーの響きがする、すばらしい楽器だった。ウィーン・フィルをウィーン・フィルたらしめている響きっていうのがあるだろう。弦にはじまってクラリネット、金管、さらにはティンパニーにいたるまで、ウィーン・フィルは独特の響きを持っている。もしピアノがウィーン・フィルの楽器のひとつとして使われるとしたら、まさにあのベーゼンドルファーみたいな楽器でなくちゃいけない。あれこそ、ウィーン・フィルのスタイルにぴったりだし、ウィーン・フィルの音によく調和する。豊かで、まろやかで、やわらかくて、そしてちょっと甘いんだ。まさにウィーンの音だよ。

でも、いつも残念に思うんだけど、世界中でどれだけ使われているか、っていうことになると、ベーゼンドルファーはやっぱり弱いんだ。たしかにどこにでもあることはあるんだけど、サーヴィスの点でスタインウェイには到底かなわない。スタインウェイのサーヴィス網は、まさに至れり尽くせりなんだ。ところが、ベーゼンドルファーとなると、ミュンヘンにおいてさえ、ウィーンでのようなわけにはいかない。技術者が足りないんだ。とにかく会社が小さすぎるんだ。もちろんそのことでメリットもある。工房的というか、職人的な性格を残しているからね。でもそれは、ウィーン以外の土地ではデメリットになるんだ。あの会社の最後の所有者だったフッターシュトラッサーが死んだあと、後継者たちはベーゼンドルファー社を、あるアメリカの会社に売り渡してしまった。大きいけど二流の会社さ。キンバルっていう名のこの会社は、たいした会社じゃないけど、とにかくやたらたくさんピアノを作っていて、だからカネがたっぷりある。財力のあるこのアメリカの会社としては、ようするに、ベーゼンドルファーっていうブランド効果が欲しかったわけさ。キンバルにとっては数百万ドルの買い物だったけど、このベーゼンドルファー社の売り渡し、というか身売りは、あまりにも安易に応じてしまったんじゃないか、っていう気がする。残念ながら、製品の質は落ちるに決まっているんだからね。

俺はそれを憂慮して、現在の所有者たちと何度も話をした。品質低下の危険がある、いや、もうそれは急を要する問題なんだ、ってことを指摘したんだ。でも、結局無駄だった。厳しい評価だけど、俺としては、これは言わずにおくわけにはいかない。すごく胸が痛むよ。ベーゼンドルファーのピアノたちにとっても悲しいことだけど、こんなことを言わなくちゃならない俺はもっと悲しい。そんなわけで、俺は最近、自分の家で弾くために、またスタインウェイを一台買ったよ。

ついでに、日本製のピアノについても触れておこう。リードしているメーカーはヤマハで、かなり距離をおいて次にくるのが、ええ、なんていったっけ――そう、カワイだ。これはだいぶ差があって、三流ってとこかなあ。でも、ヤマハはがんばってるよ。俺自身としては、スタインウェイやベーゼンドルファーと本当の意味で品質をくらべられるヤマハのピアノっていうのは、まだお目にかかったことがない。でもまあ、日本のメーカーのことだから、例によって不断の努力で追いついてくるだろうさ。

俺の場合、いつも問題なのは、スタインウェイを弾くか、ベーゼンドルファーを弾くか、っていうことだ。非常にウィーン的な性格の曲の場合、たとえば、ワルツのメドレーとか、ヨハン・シュトラウスの曲のピアノ編曲版とか、それにもちろんシューベルトとかの場合は、ベーゼンドルファーで弾かなくちゃいけない。もう少しインターナショナルな響きがほしいときは、スタインウェイにする。ベートーヴェンのピアノ・ソナタ全集はスタインウェイだ。ベートーヴェンのソナタは、ウィーンで生まれたとはいっても、典型的にウィーン的っていう音楽とは違うからね。もっとガッチリしていて、力強くて、インターナショナルなんだ。だからスタインウェイということになる。

ところが、モーツァルトの場合は、微妙なんだ。これまでさんざんいろいろと試してみたけど、自分でもどうするのがいいのかわからない。現在は、またスタインウェイにしようかと思っている。そう、また、なんだ。じつにやっかいな問題さ。

ウィーン・フィルとモーツァルトのピアノ協奏曲を録音したときは、もちろん、当時はまだ素晴らしい楽器だったベーゼンドルファー・インペリアルでやった。まさに理想的にマッチしたよ。俺としては——楽器に関しても——作曲家の意図を考慮するよう心がけている。リストを弾くみたいにベートーヴェンを弾くわけにはいかないのは、もちろんさ。でも、ベートーヴェンが彼の時代にどういうふうに弾いたかは、だれにもわかりゃあしない。まあ、小賢しい批評家のバカどもは、ひょっとしたらご存知なのかもしらんけどね。連中は、天国のベートーヴェンと電話で直接話ができるらしいけど、そんなことはわかりゃあしないんだって、ウィーン音楽院のまともな教師は言ってるよ。ウィーンの俺たちには、受け継いできた考え方とか伝統っていうものがある。それを守って、後進になんとか伝えていこうと、努力もしている。そういうウィーンの考え方とか伝統とかは、極端な方向には走らない。伝統との洗練された関わり方ってものを探るんだ。それは、一方では、あまりにも大きな行動の自由にブレーキをかけながら、また一方では、拘束服みたいに伝統に凝り固まることはしないんだ。なんでもそうだけど、狂信的というか極端に走ってしまって、独りよがりの真実とやらを振り回すようになると、俺はもうすぐイヤになってしまう。バカは批評家だけじゃなくて、俺の友達のなかにも、ともすればこの誤りに陥って、ひどく教条主義的というか、融通がきかなくなってしまうヤツがいる。そうなると、専制主義みたいなもんで、政治的な要素が入ってくる場合だってあるんだ。そうなったら俺はもう、勘弁してくれよって言いたくなる。ほら、あの歴史の出来事の感じだよ。問答無用の全面的要求ってやつで、こういう精神的態度は、とかく政治的なものに移行しやすいんだ。ひとりのヤツが独りよがりの真実とやらを占有している、なんていう国には、俺は二度と住みたくない。そういう国がどんなことになったか、俺たちは知ってるんだから。

2　グルダという「ジャンル」――俺はいつもグルダを弾く

■ジャンルの壁

今では俺は、世界中のありとあらゆる種類の音楽のあいだの、関連とかつながりとかいったものが、見えてきたような気がする。たとえて言うなら、音楽っていうのは、まあ、一本の大木みたいなもんで、そこからいろいろな枝が分かれてはいるけど、もとは同じ一つの幹からのびてきている、ってことなんだ。こういうふうに考えれば、俺にとっては、葛藤なんて解消してしまう。ところが、ふつうはそこに葛藤があって、まじめな音楽家はみんなそれを抱え込むことになる。自分は何をやるべきか、っていう問題だよ。ジャズをやるか、ポップスのミュージシャンになるか、クラシックにするか、あるいはオーケストラの楽員になるかソリストになるか、その他、いろいろなあれかこれかの選択の問題さ。

こういう選択は、当人にとっては、さも必要欠くべからざるもののように思えるし、決断するとなると容易じゃない。でも俺は、きみらはそんな選択なんかまるで必要ないんだ、って言い続けてきた。俺がそうしてきたことで、ひょっとしたら、多くの人たちがそういう選択や決断ってものを、そんなに深刻に考えないようになったんじゃないかと思う。認識しておくべきことがあるとしたら、それは、世の中には非常に多くの種類の音楽の実践があるんだ、ってことだろう。クラシックの連中がジャズの連中を見下したり、ジャズの連中がクラシック・ファンのことを、まるでおいぼれの口うるさい、どうでもいいオバサンみたいに見るのは、いい加減ヤメにしようじゃないか。あの老ゲーテもこう言ってるよ――「諸国民が互いにいがみ合い、軽蔑し合っていたのでは、共に協力する気はおこらない」ってね。俺のやっていることは、両者の融和のために、なんらかの役には立っているのかもしれないと思うよ。

とはいえ、やっぱり、グルダがクラシックの曲を弾いたとなると、かならず「クラシックへの回帰」とくる。俺は――とかくそういうことになりがちなんだけど――聴衆を買いかぶっていた。聴衆が正しく理解してくれて、こう言ってくれるものと思っていたんだ――「ああ、そうか、グルダの音楽の世界はここまで拡がって、彼はあらゆる音楽の空間をまったく自由に動き回っているんだ。今日モーツァルトを弾いて、明日はジャズかなにかをやったって、ちっともかまわないじゃないか。彼はそのことを、彼の生き方を通じて、我われに日々訴えかけているんだ」。そう受けとめてもらうことが、俺の望みだった。ところが、実際はどうだったか？　保守的な上流の客が駆け寄ってきて、こう言ったわけさ

――「やれやれ、ようやくヤツも方向を変えて、クラシックに戻ってきた！」。

今の俺は、どんなジャンルの枠もブチ破ることができるようになった。ところが、俺がその時どきの状況に応じて、俺の音楽のどの側面を聴衆に披露したとしても、その一部分だけが問題にされる。俺の音楽の全体を問題にしようとはしないいんだ。この傾向はなかなか変わらないね。すごく腹立たしいし、残念だよ。クラシックの連中からであれ、ジャズの連中からであれ、あるいはフリー・ミュージックその他いろいろの連中からであれ、だれからも理解されてない、って気がするんだ。

俺のやってる音楽は、すごく多種多様だし、もちろん、質的にもいいものもあれば、そうでないものもある。でもたぶん、俺がどんな種類の音楽を演奏した場合でも、「一種独特の魔法」を発散させることができる、ってことは言えるんじゃないかと思う。それは、俺のいちばん深いところにあるもので、なんというか、こう、どうやっても壊れない核みたいなもの、って言ったらいいかもしれない。何を弾こうと、俺はいつもグルダを弾くんだ。

演奏に際しては、ある程度までいろいろと自由にやってかまわないさ。でも、いつも全体がちゃんとコントロールされてなくちゃいけない。だらしなさと自由は同じものじゃないんだ。むしろ逆で、自由に演奏すればするほど、そこにはますます多くの規律が、ますます多くの責任が求められる。こういう姿勢を徹底的に推し進めていくとすると、原理的方針としては、音楽に関して何も企てない、っていうことになる。どんな音楽上の法則も顧慮せずに、もっぱら今ここでの自分の内面の欲求にだけ耳を傾ける。明日はどう演奏しようなんてことも、いや、そもそも演奏するかどうかさえも考えない。だって、それはもう原理的方針に反することになるんだからね。こういう危険が克服されたときは、それはもう素晴らしいんだ。たとえ、これから先もこうやっていこうとは思わないにしてもね。もう何年も前だけど、一度そういう瞬間があった。すべてを——精神的に——成し遂げた、っていう感じがしたんだ。それで俺は、当時俺の妻だったユウコにこう言った——「イット・ウォズ・ア・ロング・ジャーニー」——そう、ここまで来るのは長い旅だった、ってね。彼女にはきっと、俺が何を言いたいのかわからなかったと思う。彼女はたちまち機嫌をそこねてしまった。彼女としては、たぶん、俺の精神的世界のなかでなんの役割も演じられないってことが、腹立たしかったんだろうなあ。

■二人のフクス

さてと、プライヴェートなことはこのくらいにして、俺の活動について話そう。俺は十年間にわたって、毎年夏にフェスティヴァルみたいなものをオルガナイズしたことがある。最後の年は、一九七九年にザルツブルクでだった。それまで毎年続けて、いい加減ウンザリしていたから、これで最後にしたんだ。とにかくひどく忙しい仕事だったし、俺のやっていることを見て、同じようなことを始めるヤツがだんだん現われてきていたからね。当時俺は、フェスティヴァルの共同責任者たちに、こう言ったよ――「なあ、きみら、どんなことがあっても、若い後進たちをおろそかにしちゃダメだよ。それは、きみらが犯しがちな最大の誤りなんだ。後進がいなくては、進歩はないんだから。行き着く先は、石のような硬直化なんであって、それはザルツブルク音楽祭を見ればわかるはずだ。腕が良くて、若くて、無名の音楽家を集めなきゃダメだ」。それで俺は探したよ、まだ無名の、出演料も高くない若手で、どこか面白味のあるヤツはいないか、ってね。録音テープもずいぶんと聴いてみた。そりゃあ確かに、ほとんどのヤツはそんなにうまくはないさ。でも、若い後進たちの場合は、それはかまわない。そこに何かがある、っていう可能性があればね。パウル・フクスとリンペ・フクスの場合がそうだった。彼らは非常に独特な連中で、音楽的にだけじゃなく、人間的にも強い説得力を持っていたんだ。俺は彼らにこう言った――「きみらのレコードを聴いた。なんだかすごく変わった感じがしたけど、すごくおもしろかった。きみらに、今年のオシアッハ音楽祭で、〈後進たちの午後〉に出演してもらうよ」。

それで彼らは俺のところへやってきて、俺はちょっとばかりお手並み拝見ということになったわけだけど、すぐに「こら、ただもんじゃねえぞ」って感じたね。ほかの奴らの場合、そう、十人以上会ってみたけど、せいぜい「やってもいいけど、やらなくてもいいや」ってとこだった。でも二人のフクスのときは、最初からそういう感じじゃなかった。

いろいろとケッタイなことをやるんだけど、何をやっても、何かがあるんだ。そして彼らは、このフェスティヴァルで演奏した。まったく好き勝手に、クレイジーな音楽をやったんだ。彼女リンペは打楽器、彼パウルはベースと管楽器。二人とも、自分で作った楽器でやりたい放題の演奏だった。そりゃあ、もう、べらぼうなもんさ。俺は思ったよ――「こいつらのやってることは、およそ音楽なんてもんじゃない。でも、ほかのほとんどの奴らのやってることが無でしかないのに対して、これは何かではあるんだ」。

最後のコンサートが終わった晩――俺はそれが終わってしまったのが残念だったんだけど――俺は突然、二人のフクスが、自らすすんで予定外の追加公演をやることにした、っていう知らせを聞いた。どこかの野原を舞台にして、もちろんノー・ギャラでやるっていうんだ。行ってみると、もう始まっている。俺は、二人のイカれた道化がやっていることをしばらく見ていたんだけど、そのうち彼らにこう言った――「聴いてるだけじゃつまんねえ。一緒に弾かせてくれよ」。「そりゃあ結構、やりましょう」って彼らは答えた。彼らと一緒に演奏するのは、すごく面白いにちがいない、と俺は思ったんだ。こちらの演奏に対する反応のしかたが、普通のミュージシャンの場合とはまったく違うからね。思ったとおり、それはまったく違っていた。それは俺にとって、やっかいで違和感を覚えるところもあったけど、ものすごく教えられるところもあったんだ。

そうはいうものの、このあとはもう、スキャンダルにつぐスキャンダルだった。そりゃあ、すごいもんだよ。俺はそんなの、まったくへっちゃらだったけど、二人のフクスにとっては、残念ながらそうでもなかった。彼らにとっては、どのコンサートでも足踏みされたり、ヤジを飛ばされたり、「やめろ」とか叫ばれたりするのは、あまり嬉しいことじゃなかったんだ。じっさいに聴衆は、まるで野獣の群れみたいなふるまいをしたんだから、無理もないさ。それでも俺たちは、自分たちがいいと思うものを、頑張って演奏し続けたんだ。

■じゃあな、バイバイ《アデュー》

「だれが見ても今やグルダは完全に頭がイカレた」、とかなんとかさんざん言われたのも、この頃だったよ。もっとも、まあ、そのテの手紙は、ファンと称する人たちから、以前からウンザリするほどもらってはいたんだ。「グルダさん、あなたは素晴らしいピアニストです。私はあなたの最も忠実なファンのひとりで、あなたのレコードは全部持っています」、ってな調子のお世辞タラタラのファンレターさ。でもそういうファンも、俺が何かほかのことをやるとなると、いまやグルダは頭がイカレた、って言うんだ。でも「頭がイカレた」って、そもそもどういうことなんだい？「ノーマル」って、どういうことなんだい？　境目はぜんぜんはっきりしない。いずれにしても、みんなそろって「今やグルダは頭がイカレた」ってなことを言うようになった。そうなるともう、音楽の良し悪しなんか問題にされやしない。ピアニストとしての能力も問題にされない。彼は学んだことのすべてを投げ出してしまった、これはノーマルじゃない、ってわけさ。

もちろんレコード会社の尻野穴男氏《アルシュロッホ》たちも、同じことを言ったよ。もうずっと前だけど、俺はデッカと契約してた。イギリスの会社さ。当時俺は二十歳くらいで、ジャズ音楽に興味を持ち始めていた。プロデューサーがそのことに気付いたとき、彼は俺にこう言った――「いいですか、グルダさん、言っておきますがね、もしあなたが公の場でジャズを演奏するようなことがあったら、すぐにあなたとは縁を切らせていただきますよ」。俺は「そうですか、それじゃあ、バイバイ《アデュー》！」とだけ答えたよ。デッカとの仕事は、それっきりで終わりさ。

その後二十年たってから、こんどは俺はMPSと契約した。ジャズレコードを出してる会社さ。俺はそのレコード会社で「フリー・ミュージック」の演奏を始めたんだ。そしたら、そこのプロデューサーはこう言った――「いいですか、グルダさん、私たちはジャズ・ミュージシャンとしてのあなたを、非常に高く評価しています。でもあなたがフリー・ミュージックをやるのなら、直ちにあなたとは縁を切らせていただきますよ」。俺はこう答えたよ。「そうですか、いいでしょう。――またしても同じせりふだ――バイバイ《アデュー》！」。

レコード会社っていうのは、デパートや自動車のメーカーみたいなもんなんだ。それぞれが独自の営業方針を持っていて、その営業方針ってのは、役員会とかビッグ・ボスとか、そんなようなところが決める。そいつらが、消費者のニーズとやら——本当かどうか、わかったもんじゃないけどね——を考慮して、路線を打ち出すんだ。アーティストたちのことを商品みたいに思っていて、こんなふうに言う——「彼のやってることは、現在のわが社のコンセプトにピッタリだ。彼に来てもらおう」。合わなけりゃあ、「あいつはいらない」ってわけさ。演奏がヘタだろうとなんだろうと、そんなことはどうでもいいのさ。

たとえば、ほら、あのレコード会社だけど、あそこの路線は世界一面白くない。そう、ドイツ・グラモフォンだよ。あそこにはあそこの路線があって、そこから外れることは絶対しない。そんなわけで、あそこじゃあ、グルダ氏はほんの端っこにいるのがせいぜいで、ほんの時たま会社のイメージに合致するだけなんだ。まあ、それはどこでも同じようなもんだけどね。ミュンヘンのECMなんて、ヘンな会社だよ。今ではあそこには、〈ECMサウンド〉っていうのがあって、それがあの会社のサウンドってわけ。フォルクスワーゲンみたいなものさ。バンバン売れるようにするには、たぶんそうするしかないんだろう。わが社の製品は独自の特徴をもたなくてはいけない、ってわけ。ポルシェはスポーツ・カー、ロールス・ロイスは高級車ってなようなもんで、ようするに企業イメージさ。連中にとっては、それがいちばん大事なんだ。クリエイティヴな人間としての演奏家なんてもんは、彼らにとってはまったくどうでもいいことなのさ。

3〈間奏曲〉それ以前のグルダ

■幼年時代

俺は教育者の家庭に生まれた。親父もオフクロも教師で、どちらも趣味で音楽をやっていた。オフクロはピアノ、親父はチェロを弾く人だった。そんな環境のせいもあってか、俺にはひょっとすると、教育者的なところがあるのかもしれない。もっとも俺は、そういう面はできるかぎり抑えるようにしてきた。いかにもプロフェッサー、なんていう感じは好きじゃないんだ。じっさい俺はプロフェッサーなんかじゃないし、そういうものになろうなんて考えたこともない。まあ、〈カフェ・モーツァルト〉じゃあ、俺もプロフェッサーって呼ばれてるけどね。そう、オーストリアじゃあ、いろんなところで客をそう呼ぶのが習慣だからね。でもたしかに、俺にはいくぶんかは、プロフェッサーみたいな感じがあるのかもしれないね。なにせ、教育者の家庭だったから。

俺の生まれ育った家では、音楽は大きな役割を演じていた。親父はいつも何かの曲を弾いていたし、オフクロもそうだった。もちろん、俺もさ。最初のうちは見よう見まねでやっていたんだけど、そのうちピアノのレッスンに通うようになった。姉も俺と一緒にピアノを習い始めたんだけど、彼女は一年後にはやめてしまった。ちっとも進まなかったから、両親がこれはカネの無駄遣いだという結論に達したんだね。ピアノの先生も、女の人だったけど、同じことをハッキリ言った。姉は親父に似て、手先が器用じゃなかったんだ。

俺の親父はピアノはヘタだったし、チェロのほうも、まあまあってところだった。オフクロのほうがずっと才能があって、俺がまだ小さかったころは、連弾の相手もできた。それに、オフクロとの連弾は楽しかったよ。彼女はたしかに、才能と呼べるものを持っていた。もっとも、オフクロにとっては、本格的に音楽をやることは、それほど重要じゃなかった。ワルツかなんかを数曲弾いて、みんなが喜んでくれれば、さらにはそれに合わせて踊ったりでもしてくれれば、彼女の音楽への情熱は、もう十分満足させられたんだ。それにひきかえ、親父のほうは、音楽に関して高度な要求を持っていた。クラシックの曲をよく知っていて、大音楽家を尊敬していた。ウィーンのある男性合唱団の団員で、アマチュアの弦楽四重奏団ではチェロを弾いていた。でも親父にとっては、音楽の演奏は、おそろしくむずかしいことだったんだろうと思う。親父はチェロを練習していたけど、同じ箇所を何年もさらっていた。そして、何年ものあいだ、同じ箇所で同じミスをしていたもんさ。涙ぐましいよ。でも、それでも親父の音楽に対する愛は、少しも変わることはなかったんだ。俺はこの音楽への愛というものを、親父から受け継いだんだと思うよ。俺は両親から、いいものをみんなもらうことができた。オフクロからは、なんでも気軽にやってしまう才能と、それから、よく動く指と良い耳を受け継いだし、親父からは、音楽に対する真剣な姿勢と深い愛を受け継いだ。両方の要素が、いい具合いに混ざり合ったんだろうな。

■修業時代

音楽家になろうと決心したのは、十二歳のときだった。「音楽家になるぜ。ピアニストだ。最高の学校に行って、最高の師匠につくんだ」ってね。絶対に音楽家になりたかった。とにかく音楽が楽しくてしかたなかったからね。でも、自分にそれほど並外れた才能があるなんて、思っちゃいなかったよ。俺はパツォフスキーっていう名のピアノの先生に、初歩から中級あたりまで教わっていた。アカデミーに入ったのは、十二歳のときだ。ここには五年間いて、ザイドゥルホーファーについてピアノを勉強した。音楽理論と作曲の先生は、枢密顧問官ヨーゼフ・マルクス教授だった。だから俺は、まあ、ごく普通のウィーン流の音楽教育システムをくぐり抜けてきたわけさ。俺はピアノを中心にしながらも、できるだけ幅広く、いろいろ勉強したいと思っていた。そのころから、あらゆることに関心があったからね。でも、音楽家になることははっきりしていたから、昼も夜も音楽のことばかりしていた。だから、ギムナジウムでは劣等生だったよ。数学なんて、ひどいもんさ。晩にはオペラかコンサートに行って、翌朝はピアノの練習、それから先生のところでレッスン。そのあといろいろな副専攻の科目があって、それから専門の音楽理論。あとは作曲をしたり、合唱団の練習を手伝ったり、っていうような毎日だった。

俺の両親の家は、経済的にしっかりしていた。だから俺は、いたって幸せな少年時代を送ることができた。両親がバックアップしてくれたおかげで、なんでもいちばんやりたいことができた。音楽に関係したことならなんでも夢中になって取り組んでいた頃、俺は声楽のクラスにも出て、そこでやっていることを体験したりもした。俺はすごく遠慮がちに、オズオズと教室に入っていって、伴奏させてもらえますか、って訊ねたもんさ。伴奏のために雇われた女性ピアニストは、いろんなオペラのアリアを、何十回も弾かなきゃならないわけで、それからは彼女、俺がやってきて交代してあげるたびに、大喜びだったよ。

当然この頃になると、だれだって女の子に関心を持つようになる。なにしろ、可愛い女性歌手たちがいっぱいいたからね。俺なんか、一目見ただけで、もう胸はドキドキ、恋してしまう、って感じだったけど、まだ真剣な恋愛というのじゃなかった。俺の学友が、こういう若い歌手たちの一人といい仲になっていて、俺はこいつから彼女を奪おうと――何度も――トライしてみたもんだけど、結局うまくいかなかった。俺としては、彼女のために特別上手に伴奏してあげたし、恋する男の視線を彼女に投げかけていたはずなんだけど、ダメだった。まあ、十六や十七くらいじゃあ、小心翼々って感じだからね。この頃だったかなあ、初めて女と寝たのは。でもそれは俺の場合、残念ながら、世界が変わるような大事件じゃなかった。そのときのことは、今じゃあもう、ごくおぼろげにしか憶えていないよ。

それにくらべて、もっとはっきり憶えているのは、学校をやめたときのことだ。俺は数学の授業のときかなんかに、教師に「トイレに行きます」って言って出ていって、それっきり戻ってこなかったんだ。ふだんの俺は、べつにやっかいな生徒じゃなかった。ただ、やってることに意味がなきゃいやだったんだ。「ギムナジウム」――この言葉の響きからして、ウンザリするよ。それで、まあ、トンズラしちゃったってわけ。第六学年だったけど、もうまったくヤル気をなくしていたし、時間もなかったんだ。その頃にはもう、コンサート・ピアニストとして演奏旅行の活動を始めていたから、それを口実にすることができた。これは嬉しかったね。オフクロは、ひどく悲しそうな様子をして、「大学入学資格試験だけは通っておかなくちゃダメ」って言ったけど、俺はもちろん、こう言った。「だって、いつそんなもの受けられるんだい？　これから三週間のイタリア演奏旅行があって、そのあとは南米行きなんだ。受けるヒマなんかないよ。だいいち、ぼくはそんなもの受けたくないし、それに、たとえ受けようと思ったって、受けられやしないさ。あんなくだらない学校に戻るなんて、ゴメンだよ」。でも俺は、学校をやめた埋め合わせは、十分できたと思ってる。本はたくさん読んだし、役にも立たないギムナジウムなんかにいるより、ずっと多くのことを学んだ、って自信をもって言えるよ。

同級生のなかには、何人か気の合う遊び仲間がいた。そのうちの一人はオットー・シェンクで、もう一人は、その後ウィーン・フィルのメンバーになった男だ。俺たちは親友ってわけじゃなくて、まあ、普通のクラスメイトといったところだった。戦争末期の頃には、友人たちのために、ダンス音楽をピアノで弾いてやったりしたこともあった。ショウみたいな感じにして、夏にはプールで弾いたりもした。ヒットラーの時代だから、こういうことだって、そう当たり前のことじゃなかったんだ。なにしろ、そういうことは、イギリスのラジオ放送を聴くのと同様、禁止されてたんだからね。もっとも、イギリスのラジオは、みんな隠れて聴いてたけど。

ジュネーヴ国際コンクール

一九四六年、俺は初めてオーストリアを出て、スイスに行った。そのとき俺の頭にあったことは、ただひたすら、腹いっぱい食べる、ってことだった。そう、俺たちのオーストリアには、何もなかったんだ。ソ連がくれた五〇グラムの豆だけさ。国境を越えるやいなや、俺はチョコレートとかバナナとか、ロースト・ポークとかシュニッツェルとか、サラダとか、その他あらゆる食い物に向かって突進したもんだよ。

このとき受けたのが、ジュネーヴの国際コンクールだったんだけど、俺としては、それをそんなに重視していたわけじゃなかった。それでも俺は、これまで俺を指導してくれた教師たちの要求や希望に応えられるよう、最善を尽くそうとは思っていた。俺は、「よし、コンクールに乗りこんで、ザイドゥルホーファー先生が満足するように弾こう」って、自分に言いきかせていた。そんなわけで俺は、それが国際的な競争なんだってこととか、国際的な審査員たちのこととか、ましてや聴衆のことなんかは、まったく考えていなかった。本格的な聴衆の前に立ったのは――学校での何回かの演奏会を別とすれば――そのときが初めてだったんだ。これは、俺にとって、そしてとりわけ俺の先生にとって、自慢できることじゃないかと思う。俺の先生は、国際的な舞台をまったく経験したことのない俺に、すごく高い要求を課したんだ。演奏曲目は、バッハのトッカータ、ベートーヴェンの最後のソナタ、ドビュッシーを一曲、それにまだ何かあった。そして、びっくり仰天したことに、俺は第一位になってしまったんだ。俺は、自分がそこで弾いたものが国際的に通用したことに、驚かずにはいられなかった。

ホヤホヤのコンクール優勝者として、俺がウィーンに帰って、何事もなかったようにアカデミーの教室のドアを開けて、中に入ったら、ザイドゥルホーファーは開口一番――「ねえ、きみ、もう少しくらいたびたび、手紙を書いてくれたらどうなんだい」。賞賛の言葉とかなにかは、何もなかった。もちろん彼は喜んでいたんだけど、嬉しい様子を見せたくなかったんだね。それで、「いつも通りのビジネスさ」、っていうような態度をとったんだと思う。

それから一年して、俺はアカデミーの修了試験を受けた。これはもう、最高に楽しかったね。教授たちが全員集まって、彼らは俺の演奏を聴いた。これがグルダ・コンサートをロハで聴ける最後だって、わかっていたからかどうか知らないけど、俺は彼らに、そう、たっぷり三時間は弾かされたよ。これが俺のいわゆる修了試験だったわけさ。

「演奏するときはいつも、命がけという気持ちでやらなくてはいけない」——俺の先生は、こうは言わなかったけど、そういうようなことを、それとなく俺に教えてくれた。彼は俺に、演奏の真剣さ、重大さというようなことについて、すごく高邁な考え方を教えてくれたんだ。つまり、音楽に対してあくまでも真剣に取り組む姿勢、っていうことさ。この姿勢を貫こうと思ったら、日夜音楽を最優先にして、生涯にわたって音楽を第一のものにしなくちゃいけない。ほかのどんなものよりも、とりわけ女性よりも重要なものにしなくちゃいけない。まあ、女性たちは、そういうのはお気に召さないんだけどね。そう、どの瞬間においても、それが命がけであるかのように弾かなくちゃいけないんだ。これこそが演奏家にとって、最高に大事なことなんであって、俺にとっては、今にいたるまで、この姿勢は自明のものなんだ。

■戦後の混乱のなかで

戦争が終わった一九四五年の夏は、そりゃあヒドイもんだったよ。ウィーンには食べるものがほとんどなくて、みんな飢え死にしそうだった。それで俺のオフクロは、二人の子供、つまり姉と俺を連れて、田舎に移り住んだ。俺たちは、その村まで歩いて行ったよ。その村には以前からの知り合いがいたから、オフクロは、そこへ行けば少なくともジャガイモくらいはあって、二人の子供を飢え死にさせなくてすむ、って考えたんだ。この村は、ウィーンから二五キロくらいのところにあった。二軒の農家があって、そこの人たちは、闇商売で儲けていたから、かなりいい暮らしをしていた。

俺は日曜日ごとに、そこの教会でオルガンを弾いた。地元の合唱団の練習にも協力して、多少の指導をしたりもした。ザンクト・マルガレーテン村のオルガニストを務めた、ってわけさ。教会で弾いたあとは、俺はいつも二軒の農家のうちのどちらか一軒に招待されたから、週に一度は腹いっぱい食べることができた。

俺の両親は、犯罪人たちの時代――つまりナチの時代に、家系にユダヤ人の血が流れていないかどうか、調べられたことがあった。結局、該当するようなことは、何も出てこなかったんだそうだ。つまり、わかっている限りでは、俺にはユダヤ人の血は流れていないってわけさ。でも俺はこの〈不足〉を、最初の結婚によって埋め合わせした。俺の息子たちが、俺の血に加えて、この重要な民族の血も受け継ぐように配慮してやった、ってことになるかなあ。残念ながら、俺にはその血が欠けているんだ。

戦争による災難ということでは、俺は、オフクロがちゃんと配慮してくれたおかげで、直接にはほとんど受けずにすんだ。もちろん、そうはいっても、終戦の直前には爆撃がすごかったし、食べものがなくて苦労もしたさ。俺はオフクロに対しては、彼女が死ぬまで、本当にいい関係を持つことができた。そりゃあもう、オフクロは俺のことがすごく自慢で、もちろん俺を甘やかしたさ。でも俺たち親子は、ベタベタしたりはしなかった。俺はオフクロが大好きだったし、のちになってからは、親父のことも大好きになった。親父は戦時中、うちにはいなかった。戦争で行方不明に、それも二度目の行方不明になっていた。親父は召集されて、ヒットラー氏のために戦争させられたわけだけど、その前には、ナチの奴らに拘束されていたんだ。まだじゅうぶん兵隊として使えるってわけで、戦場に送られたのさ。親父はソ連で捕虜になって、そして一九四五年の九月、なんとか生き延びた多くの人々がそうだったように、突然帰ってきた。俺たちはもう、親父はてっきり死んだものと思っていたよ。

俺の親父は筋がね入りの社会民主党員だった。共産主義者ではなかったけど、二十年代から三十年代のオーストリアで、バリバリの左翼だったんだ。よく親父は教会を茶化すようなジョークを言って、俺たちみんなを大笑いさせたもんだ。スープの鍋が夕食のテーブルに運ばれてくると、お祈りのまねをして「これぞまさに天と地の創造者！」なんて冗談を言うのがすごくおかしかった。俺が「学校のキリスト教の授業なんか退屈でウンザリだよ」と言うと、親父は「そうさ、でも今はやっぱり行かなくちゃいかん」とだけ言った。オフクロのほうは、ふだんから妥協することのできる人で、俺にこう言ったもんだ――「いいかい、少しは順応しなくちゃだめ。だって、独裁政治の国で暮らしているんだもの。万事がお前の考えとは正反対でも、投獄されたら、どうすることもできないんだから」。

■両親のこと

そう、親父は俺にとって、模範となる人だった。親父は気骨ある、信念に忠実な人間だったんだ。親父は俺にこう言ったもんだ――「いいか、オットー・バウアーやヴィクトール・アードラーといった、かつての社会民主主義の創始者たちがやった、一番重要なことは何かといえば、彼らが労働者たちから焼酎の瓶を取り上げた、っていうことなんだ。それによって労働者たちは、初めてものを考えるということを始めたんだ。それまでは、ブルジョワたちによって、労働者はいつも、ものを考えないようにさせられていたのさ。それはまったくヒドイもんだった。労働者たちは、休日も与えられずに、毎日十四時間もアクセク働かされていたんだ。彼らがこの惨めな生活をいっときでも忘れようと思ったら、毎晩安酒を呑んで、酔っぱらうしかなかったのさ。こういうことは、もちろん、政治的意識の発展をひどく妨げる。だから、バウアーやアードラーたちは、不正や搾取への抵抗――それもブルジョア的な意味ではなくて、革命的な意味での抵抗という考え方を彼らに教えて、こう言ったんだ――「我われは団結しなくてはいけない。そのためには、四時に労働組合の会合を持つことが重要だ。しかも、しらふの状態でだ。五時半にはもう酔っぱらっている、というのではダメなんだ」」。

規律とか、集団精神とか、義務の遂行といったことは、俺の親父にとっては、当然なくてはならないものだった。たしかに、そういうものは、あらゆることにおいて重要な美徳さ。それがなかったら、事は運ばないし、人生において何も成し遂げられやしない。でも親父にとって、いちばん重要だったのは、たとえ逆風が吹いても揺らぐことのない、信念への忠誠だった。そしてそれこそが、俺が親父から学んだ最も重要なことなんだ。

一九三四年に、親父は強制退職させられた。左翼が弾圧されたあの年さ。党上層部の何人かは、ヴェラースドルフに連れて行かれて、ただちに絞首刑にされた。俺の親父は、党の中間層にいたから、強制退職させられた。親父にとっては、小学校の校長という地位よりも、自らの信条への忠誠のほうが大事だったんだ。それから十一年、親父はずっと仕事に就けずにいたんだ。狂気の沙汰の戦争が終わって、一九四六年、カール・レンナーが、あの「友よ、我われはまた戻ってきた!」っていう有名な演説をしたとき、親父はもちろんすごく喜んで、得意そうだったよ。あれは、親父の人生のなかで、最も偉大で最も幸福な日のひとつだったはずさ。そして何年かのちには、親父は〈左翼〉が政権党になるのを、少なくともその途上にあるのを、目の当たりにすることができたんだ。さぞ嬉しかっただろうと思うよ。

ひょっとすると、親父みたいな政治的人間は、オフクロにとってはいくぶん荷が重かったかもしれない。オフクロは庶民的な環境の出身で、その心情は生涯のあいだ、庶民の娘であり続けた。でも彼女は、マルクス主義者のインテリと結婚したわけで、もちろん、それによって影響を受けないわけではなかった。それは彼女の基本的な人間性を変えはしなかったけど、若干の修正を加えたんだ。オフクロは、多少はそうした方向性でものを考えることを学んだんだと思う。たとえば、オフクロは、ウィーンの最も貧しい労働者居住区のひとつであるジメリングの学校で、たいへんな苦労をして教えた経験があることを誇りにしていた。ひょっとしたら彼女は、俺の親父への愛情から、そこで教えたのかもしれない。まあ、それだけが理由じゃないだろうけどね。オフクロは、よくこう言っていたよ

――「私にはマルクス主義の議論なんてできやしない。そんな知識もないからね。でもこれだけはわかるの――今では労働者たちが、もうゴミ溜めみたいな所で暮らさずにすむっていうこと、つまり、労働者の暮らしが以前にくらべて、明らかに良くなったってこと。これはいいことよ。だから私は左翼に投票するの、お父さんと同じようにね」。

親父とちがって、オフクロはすごく陽気だった。俺の最初の演奏旅行にオフクロが同行

したときなんか、それはもう楽しかったよ。もちろん、いつも一緒に演奏旅行していたわけじゃないさ。俺の行き先が、たとえばスイスかなんかで、オフクロがこれは安全だと判断した場合は、俺は一人で行った。でもたとえばシチリアとなると、オフクロが同行したんだ。まあ、そんなふうにして、オフクロは世界各地に出かけて、多少なりとも見聞をひろめることができた。一度は、親父が俺のイタリア演奏旅行に同行したこともあった。楽しみの少ない人生のなかで、親父もこうしてようやく一度は、広い世界を垣間みることができた、ってわけさ。

その頃の俺の稼ぎについて言うと、最初俺はスイスで二、三〇〇〇フランを手に入れた。当時の俺にとっては大金だったけど、新しい靴を買って、新しいスーツを買って、たっぷり食べたりしているうちに、あっという間になくなってしまった。その後、何回か小さな演奏旅行をした。稼いだカネは――両親の同意を得てだけど――ほとんど自分で使い切ってしまった。車も買ったし、ガールフレンドたちには、いろいろプレゼントしなきゃならないしね。

ジュネーヴのコンクールで優勝して、あっという間に有名になったとはいっても、最初のうちは、俺の出演料は、まだまだ慎ましいものだった。なにしろ、マネージャーって奴はみんな締まり屋で、すごく用心深いからね。初めて本当の意味での大金を手にしたのは、一九四九年の南米演奏旅行のときで、手取りで五万シリングだった。たしかに、今とくらべたらお話にならない額だけど、当時はこれでも大金だったんだ。俺の両親は、いよいよ引っ越しをするときがきた、って言って喜んだもんさ。それで俺たちは、ウィーン第一区のもっと大きくて快適な住まいに引っ越した。それまでは第三区で住み心地も悪くなかったんだけど、なにぶんにも手狭になっていた。そうする余裕がある以上、もっと大きな住まいに引っ越さない手はないからね。ピアノだってもう一台置けるわけなんだから。

それまで住んでいたザイドゥル小路の住まいは、とにかく狭かった。二部屋半と、廊下にトイレがあるだけだったんだからね。新しい住まいの値段を訊いたら、三万五〇〇〇シリングだっていう。まあ、いいでしょう、ってことになった。俺はカネにはあまり頓着しないんだ。第一区というのも、むしろ偶然だった。そんな次第で、俺は新しいピアノも一台買い入れた。大きくなった住まいに、俺は二台のグランド・ピアノを置くことができた、っていうわけさ。

■フルニエとの出会い

二十歳の頃の俺は、もう世界的なセンセーションを巻き起こしていた。そして、ちょうどこの頃、俺のもとに現われたのがフルニエだったんだ。彼はこう考えたんだね——「このグルダっていう若いピアニストは、チェロの王者としての私の王冠に、さらなる輝きをつけ加えるべき男だ。この男が伴奏してくれたら、私にとって願ってもないことだ」。フルニエは俺より二十歳くらい年上で、俺にとっては、あらゆる点で指導者《メントール》みたいな人だった。彼と二、三年一緒に仕事をした間に、俺たちは三枚のレコード――ソナタと変奏曲を全部入れたベートーヴェン・チェロ作品集――を録音して、二十回から三十回くらいのコンサートをした。フルニエはいつも、俺にくらべると、より成熟していて、より思慮深かった。俺は、彼に感謝しなくてはならないことが、たくさんあるよ。フルニエからは非常に多くのことを学んだんだ。音楽的なことでは、なによりもその真剣さ、ってことだろうな。彼は俺をいつも親切に、しかもすごくエネルギッシュに指導してくれた。

その頃は俺も、まだかなり無作法だった。今でもそうだって言う奴が多いけど、当時はもっとひどかったんだろうと思うよ。人間、若いうちはとかく生意気で、ふてぶてしいもんだよ。態度もおよそいいとは言えないしね。もちろん、俺もそうだった。フルニエはその点、まったく逆だった。頭のテッペンから足の先まで、完璧な「サー」なんだ。いつもきちんとした服を着ていて、大声を出したりとか、無作法なことを言ったりするようなことは絶対にない。自分の家は、いつもきちんと整っていないと気がすまない。サロンがあって、台所があって、スペイン人のメイドがいて、絹のパジャマを着て……っていうようなことに、すごく重きを置いていた。スノッブっていうのともちょっと違う。あらゆる点で完璧なジェントルマンのことをスノッブと呼ぶのなら、彼はまさにスノッブだったけどね。彼はもの静かで、控え目な態度の人だった。ところが、彼の夫人というのが、これがロシア女性なんだけど、まさにその正反対の人だったんだ。彼女はリディアという名で、フルニエの最初で、しかもかけがえのない妻だった。彼女が死んでから、フルニエはもう一度結婚したけど、本来の妻は、やっぱりこのリディアだったんだ。彼女はすごく音楽的才能があって、ピアノだってかなり上手だった。ものすごく魅力的な女性だったよ。もちろん、俺よりずっと年上で、それどころか、フルニエよりも年上だったと思う。

フルニエと、それに時にはリディアも、俺にあれこれの作法というものを教えてくれた。燕尾服にはアイロンをかけなくちゃいけないとか、髭も剃らずに舞台に上がってはいけないとか、やたらに大声でしゃべってはいけないとか、そんなことだよ。若い人間にとっては、人生においても舞台の上でも、粗っぽい野蛮さだけが支配しているわけではない、っていうことを知るのは、やっぱり大事なことなんだ。礼儀正しい演奏というのもいいもんだし、優雅さもなくちゃいけないからね。

リディアにとって、フルニエは二番目の夫で、最初に結婚した相手は、これも世界的チェリストのグレゴール・ピアティゴルスキーだった。ピアティゴルスキーとの結婚生活は、フルニエとの場合とは、まったく違っていただろうと思う。なにしろピアティゴルスキーは、すごく荒々しい、黒髪の、情熱あふれるジプシーって感じだったからね。この結婚生活は、そりゃあ、およそ平穏なものじゃなかったろうさ。結局は、離婚ということになった。でもリディアは、チェロからは離れられなくて、まったく違ったタイプのフルニエと再婚したんだ。でも彼女は、前の夫のことをいつもグレゴールと呼んでいて、彼との結婚生活についても、フルニエに対してまったく隠しだてしたりしなかった。

フルニエは、彼女のそうした振る舞いに対して、威厳ある態度で耐えていた。フルニエには彼女が、どうしても必要だったんだ。どこへ行くにも彼女と一緒だったし、いつもリディアが彼を支えていた。とても賢くて、情熱的な、素晴らしい女性だったよ。彼女はフルニエを誠心誠意、限りなく愛していた。フルニエには、そうしてもらう必要があったんだ。彼の場合、足が悪いという事情のせいもあったかもしれない。あるとき俺たちは、彼の家の居間で、ベートーヴェンの第二番のソナタ、そう、あのゆっくりした素晴らしい導入部で始まるあのソナタを練習していた。ちょうど彼が、どう演奏したいかを俺に説明していたとき、突然リディアが部屋に入ってきて、「ねえ、ちょっと、グレゴールは、あなたよりずっとうまく弾いたわよ」って言うんだ。俺はもう、どうしたらいいかわからなくて、ピアノの下にもぐり込んじゃったよ。いたたまれなかったからね。彼女は、すぐまた出ていった。ところが、フルニエは顔色ひとつ変えないばかりか、なんと、俺に対して謝ったんだよ。「わかって下さい。リディアはちょっとヘンなときがあるんですよ」。フルニエはそのうえに、彼女の弁護までしたもんさ。まったく、信じられないような夫婦だったよ。

俺の親父はアマチュアのチェリストだったから、俺も子供の頃、親父とドゥオで弾いたことがあるよ。そんなこともあって、親父は、自分が尊敬するフルニエと自分の息子が共演することに、すごく感激したもんだった。ウィーンでのあるコンサートのあと、俺とフルニエが俺のうちへ行って、そこでちょっとしたパーティーになったことがあった。それは俺の親父にとって、まさに最高の感激の時だったんだ。パーティーが進むうち、親父は自分のチェロを抱えて部屋に入ってきた。フルニエにとっては、不快な驚きだったろうね。俺の親父が、このチェロでぜひ何か弾いてくれ、とかなんとか言うんじゃないかと思ったわけさ。でも俺の親父は、そういう厚かましいファンとは違ってた。親父はただ、フルニエに、このチェロにサインをしてもらえないか、って頼んだだけだったんだ。いい話だろう？ 親父はものすごく喜んで、フルニエにサインしてもらったそのチェロを、宝物のように大事にしていたよ。

俺が親父と最後に会ったのは、彼が大きな手術をしたあとだった。胃ガンだったんだ。親父がその年のうちに、六十九歳で死ぬことになるだろうっていうことは、もうわかっていた。俺はどうにかこうにか、親父に別れを告げて、演奏旅行に旅立った。親父の訃報を聞いたのは、ドイツのどこか、そう、たしかコブレンツかどこかにいるときだった。その晩のコンサートを終えたあと、俺は飛行機でウィーンに帰った。葬儀にはギリギリで間に合ったよ。親父の死は、俺にとってすごく悲しい出来事だった。オフクロにとっても、もちろんそうさ。でもオフクロは、親父の死んだあと、三十年近くも生きた。彼女は九十すぎまで生きていたんだ。

4　ジャズからの飛翔

無規範をプリンシプルとして

■ジャズとの出会い

一九五〇年、俺は初めてニューヨークへ行って、カーネギーホールでデビューした。大成功だった。ウィーンの正統派の流れをくむ気鋭のクラシック・ピアニスト、驚くべきスピードで世界的名声を獲得した、前途洋々たる若手、ってなわけで、各方面から質問責めにされた。質問者のなかには、俺を羨ましがるピアニストたちもいれば、ふつうの音楽ファンもいたけれど、ようするに、これからどうするおつもりですか、っていう質問さ。

なにしろ、二十歳そこそこで成功の絶頂に立ったんだ。全世界は俺のもの、っていう感じで、好きなだけ稼げて、やろうと思えばどこででも、一年に三百六十五回のコンサートだってやれる。そういうことが、すべて実現してしまったんだ。ほかの人たちの場合は、たいてい、一生がんばっても手に入れられないんだけどね。

その頃は、自分はクラシックのピアニストなんだ、っていう気持ちでいっぱいで、それがまた喜びでもあった。自分が好きで、ものすごく大事にしている——それはもちろん、今もまったく変わらないし、いつまでもそうさ——こういう音楽を演奏することによって、成功を収めるということ、聴衆を魅了し、夢中にさせるということが、嬉しくてしょうがなかった。それに、新聞には素晴らしい批評も載った。俺はこういう自分の恵まれた境遇を、正直言って、思う存分享受したよ。

でも、自分はそもそもどんな音楽をやりたいんだろう、って俺が初めて自問してみたのは、もっと以前、一九四六年に例のジュネーヴ国際コンクールでスイスに行ったときだった。そのとき俺はジュネーヴで、ある家に泊まらせてもらったんだけど、俺と同じくらいの歳のその家の息子たちが、熱烈なジャズ・ファンだったんだ。そんなわけで、その家では四六時中、七八回転のレコードでカウント・ベーシー、デューク・エリントン、チャーリー・パーカー、ディジー・ガレスピー、デクスター・ゴードンといったジャズ・メンたちの音楽をかけていた。

コンクールの参加者は、どこかに宿泊しなくてはならなかった。ホテルなんて問題外さ。とても払えやしないからね。それで、スイス人たちの慈善の精神と客好きの心に訴えた。そしたら、子供が四人いても六人いても違いやしないからって言って、二人のコンクール参加者に部屋を提供してくれた、とても親切な家族がいたんだ。

最初のうち、俺はいやでも聞こえてくるこのジャズの音楽が、どうも好きになれなかった。なにしろコンクールのことで頭がいっぱいだったから、ちゃんと聴こうなんていう気も、全然なかった。俺はドアを閉めて、それが聞こえてこないようにした。そうやって、ベートーヴェンのソナタを練習してたんだ。その家の息子たちは、ボリュームをいっぱいにして、目をつむってウットリした様子で、夢中になってジャズを聴いていたんだけど、俺はいやな音楽だと思って、何がいいのかさっぱりわからなかった。でも、あるとき、フト思ったんだ、こいつらがこんなに夢中になって、ほかのことを何もしないで、四六時中聴いているからには、きっと何かいいところがあるにちがいない、ってね。こういうふうにして、俺は第一歩を踏み出したんだ。俺は自分に言い聞かせた――「OK、好きになれないのはいいが、とにかくまあ一度、偏見を持たずに聴いてみよう」。それで、彼らがその音楽を聴きながら、いつ、どこで、なぜ反応するのかってことを、じっくり観察して、その反応を自分でも真似てみる、ってことをしてみた。まあ言ってみれば、ジャズの聴き方の練習をしてみた、っていうわけさ。そしたら、だんだんとわかってきた。そうなると、もちろん、自分でも慣れない手つきでトライしてみる、ってことになる。俺はレコードから聞こえてくる曲を、ピアノで自分なりに真似して弾いてみた……。ところが、これが実にヤッカイなシロモノだったんだ。ワケがわからなくて、お手上げって感じだった。

コンクールが終わって帰る日、その家の息子たちは、二、三枚のSPレコードを、無理やり俺に押しつけた。俺はその後、どんどん忙しくなる演奏旅行の日々の明け暮れのなかで、何度かスイスにも出かけることがあったけど、その度にいつもこのジュネーヴの家を訪れた。その間、俺は自分でも少しずつジャズのレコードを買ってみたりもして、だんだんと、このまったく別の種類の音楽について、基本的な知識と理解を身につけるようになったんだ。

■ジャズ・クラブ

それは四十年代の終わりのころで、その頃は、クラシックのピアニスト以外のものになろうなんて、ぜんぜん思ってなかったさ。国際的なコンサート活動のかたわら、せいぜいジャズのレコードを買うとか、あちこちのジャズ・クラブにたむろするくらいだった。でも、そのジャズ・クラブでも、最初のうちはただ聴いているだけだったのが、だんだん自分も参加して、一緒に弾いちまうようになったんだ。当たって砕けろ、の精神さ。ところが、やってみて、自分が何もできないってことがわかったんだ。まったく、楽じゃなかったよ。ジャズ・クラブってところは、こうなんだ——だれかがそこへやってきて演奏する。ミュラーとかマイアーといった無名の奴さ。みんな、期待なんかしやしない。どうせたいした腕じゃない、って思ってるからね。

みんな、そういうふうにして始めたのさ。あのフリッツ・パウアーだって、そうだったんだ。最初はみんなこう言われたのさ——「フリッツ・パウアーってだれだ？　じゃあ、まあ、ちょっと弾かせてみるか」。そして彼が弾いてみせたとき、だれもがこう言った――「おいおい、こいつ、なかなかうまいじゃないか」ってね。そうさ、パウアーもそうやって始めた。それがふつうなんだ。俺の場合は、もっとずっと容易じゃなかった。世界的ピアニストのグルダが弾くってことで、みんな、俺がジャズでも最初からブッたまげるようなスゴイ演奏をするものと、思い込んでるんだからね。ところがドッコイ、これが、みんなビックリ仰天、大失望、ってわけさ。なにしろ、ジャズとなると、俺はほとんど何もできやしなかったんだからね。みんなもちろん、こう言ったもんさ――「なんだい、これがあのグルダだとさ！　まるでジャズを知らないじゃないか」。みんながまともに聴いてくれるようになるまで、俺はホント、すごい苦労をしたよ。最初のうち、まともに聴いてもらえなかったのは、まったく当然だったんだ。なにしろ、俺がジャズを弾き始めたころは、俺の演奏なんてオソマツなもんだったからね。聴いてもらえなかったのも、無理はないさ。ジャズの世界から見れば、俺は何ひとつできやしなかった。ピアニストとしてはなんでもできたけど、ジャズ・プレイヤーとしてはゼロだったんだ。

でも、ジャズ・メンたちの演奏を、耳で聴いて分析できるようになるにつれて、自分でもだんだんジャズがうまく弾けるようになっていった。そんなふうにして、あちこちのジャズ・クラブに出入りするようになったんだ。ウィーンの〈アート・クラブ〉とか、のちにはファッティ・ジョージのクラブなんかさ。そこには若いジャズ・メンたちが、いっぱいたむろしていた。のちに世界的に有名になった奴もいたよ。でも、そういうところでは、だれだって最初は初心者さ。うまい奴がゴロゴロいた。そういうのにくらべると、グルダはヘタだったんだ。でも、みんな遠慮なしにあれこれ言ってくれたから、俺はいろいろ学ぶことができた。みんな親切で、仲間意識が強いんだ。「何やりてえんだ？　弾くんか？そんじゃ、まあ一緒にやってみっか」ってな具合いさ。演奏のあと、俺はコテンパンに酷評された。でも、だからって、弾くのをやめちまえ、ってわけじゃないんだ。そりゃあ、まったくトロイ奴で、まるで才能がなくて、そのうえ生意気だってことになりゃあ、ほっぽり出すさ。でも俺は、そう、まったくそうじゃなかったんだ。

コペンハーゲンとか、あちこちの都市で、俺は穴ぐらみたいなジャズ・クラブに出かけていった。名もない小さなクラブさ。そして「弾かせてもらえますか」って、礼儀正しく訊ねるんだ。当時はまだ、ジャズの世界と俺のクラシック音楽の世界とのつながりが、何もできていなかった。そういうクラブで「私はグルダといいます」と名乗ったって、こう言われるのがせいぜいだった――「ふーん、グルダね。悪くない名前じゃないか。まあ、ちょっと弾いてみな」。

当時の俺は、何も知らなかった。ブルースとはどんなものか、ディヴァース・スタイルとはなにか、スウィングとはなにか、ディキシーランドとはなにか、バラードの伴奏はどうやるか、ベースとはどう合わせるか、ドラムスとの掛け合いはどういうふうにするか、っていうようなことが、まるでわかっていなかったんだ。だって、わかりようがないだろ。アカデミーじゃそんなこと、教えてくれやしないんだから。俺はもっぱら実践によって習得したよ。とにかく、ジャズをやっているところへ出かけていって、何年間も、さんざん揉まれながら修業した。できるようになるまでは、容易じゃなかったさ。苦労して学んだんだよ。自分としては一生懸命がんばっても、なにしろあのグルダってことがわかれば、聴き手の期待はやたら高いわけだからね。どうしたって失望させてしまうことになる。そういう状態が何年も続いたんだから、これはなんともシンドイものがあったよ。

■第二のキャリア

そうやって習得したものに、初めて自信を持つことができたのは、一九五六年、ニューヨークの〈バードランド〉でだった。あのときのことは、今でもよく憶えているよ。俺はブエノスアイレスの空港にいた。そしてそのとき、俺は——遺憾ながら俺の場合、よくあることなんだけど——二重契約をしてしまっていたんだ。ひとつはザルツブルクのモーツァルテウムでのマスター・クラス、そしてもうひとつの契約は、ニューヨークの〈バードランド〉への出演だった。さて、どうするか？　飛行機は二つあった。どちらに乗るか？　どちらか一つは、スッポカすしかない。結局俺は、ニューヨーク行きの飛行機に乗って、ザルツブルクのほうを——病気だとかなんとか理由をつけて——スッポカしてしまった。

当時の俺は、まだ自分でも、ジャズでは初心者だと思っていたけど、とにかく蛮勇をふるって、〈バードランド〉に乗り込んでいったわけさ。「どうなろうと、かまうもんか。一度は自分を信じて、やってみるっきゃないさ」。

俺は〈バードランド〉でジャズ・ピアノを弾いた。そこできのうチャーリー・パーカーが演奏したこと、明日はディジー・ガレスピーが演奏するってことを、俺は知っていた。そういう偉大なプレイヤーたちとくらべたら、俺なんか何者でもない。それはまさに腕試しだった。そして俺は合格することができた。かなり得意でもあったよ。

そのときの俺の演奏は、けっして悪くなかったと思う。でも、俺がクラシックの世界でやっていることのレベルには、遠く及ばないものだった。まあ、言ってみれば、徒弟の入門試験には合格した、ってところさ。それからさらに四、五年、五十年代の終わりごろまで、俺はジャズに打ち込んだ。そうやって、ようやく、「ああ、グルダはジャズ・ミュージシャンとしてもなかなかのものだ」って、自分でも思えるようになったし、みんなも言ってくれるようになったんだ。それは俺にとって、ものすごく大きな勝利だった。一生懸命努力して、第二のキャリアをモノにすることに成功したんだからね。

こういう二足のワラジの生活っていうのは、すごく時間をとられるものなんだ。クラシックのほうでちゃんとした仕事をしながら、同時にもう一方にも、どんどん手を広げていくわけだからね。八回のコンサートで、ベートーヴェンの三十二曲のソナタを弾いているときに、その同じ週に六回サキソフォーンを演奏したこともあった。そう、サキソフォーンも吹くようになったんだ。ベートーヴェンのコンサートのあと、毎晩ジャズ・クラブに行くんだ。そんな生活を、何年も続けていたのさ。

俺は二十三歳のときには、八曲のベートーヴェンのソナタをモノにしていた。つまり、暗譜して、いつでも演奏会で弾けるレパートリーにしていた。残りの二十四曲は、三カ月でモノにした。あるものをやりながら、その際に別のものをおろそかにしない、っていうのは、相当才能がないとできない。自惚れるつもりはないけど、これはどうしようもない。実際、そういうもんなんだ。たとえば、チェスの天才のカスパロフ氏なんて、何千ものチェスの勝負の内容を暗記しているけど、どうしてそんなことができるのか、俺には想像もできない。まったく理解の及ばないことさ。でも、カスパロフ氏に言わせれば、グルダが三十二曲のベートーヴェンのソナタのほかに、バッハの平均律クラヴィア曲集の全曲、シューベルト、シューマン、ショパン等々の多くの曲を暗譜していて、さらにそれに加えて、ジャズのスタンダード・ナンバーを三百くらい暗譜で弾ける、ってことが、到底信じられないことなのさ。

■現代音楽

俺がジャズ・クラブに行くようになった動機は、いわゆる「現代音楽」——俺に言わせれば、それはちっとも現代の音楽じゃないんだけどね――への不満があったから、っていうわけじゃない。それがキッカケだったんじゃなくて、ジャズ・クラブに行くようになって、その結果としてそういう不満を持つようになったんだ。この種の音楽とか、それに関連したようなことに深入りしていたら、きっと俺は、自殺することになっていただろうね。少なくとも、精神的自殺は避けられなかっただろうと思うよ。幸い俺は、そうはせずに、もう一方の側で、埋め合わせと慰めと救いを見出したんだ。現代の音楽をめぐる問題への解答を、ジャズ・クラブで見つけたってわけさ。

「現代音楽」ということになると、そこにあるのは、重苦しい落ち込みの気分と自殺傾向なんだ。「現代音楽」とはストラヴィンスキーとか、バルトークとか、シェーンベルクとか、シュトックハウゼンとか、ブーレーズ等々の音楽のことだ、と思っている人が多い。俺のピアニスト仲間たちのなかにも、嘆かわしいことに、そう思っている奴が少なくなくて、自分で弾いたりもしている。でも、俺からみれば、そういうのは精神的自殺だよ。ところが、多くのクラシック馬鹿たちは、聴き手も批評家も、それがわかってない。連中は、彼らだけのおぞましいゲットーの中で生活してるんだ。この種の音楽だけでやっていくなんて、俺はゴメンこうむるよ。

多くのピアニストたちが、こういう音楽を取り上げているのは確かだけど、だからといってそれがいいということにはならない。現代音楽を取り上げるからといって、その演奏家を高く評価するのも、どうかと思うね。とは言っても、俺はべつに、そういう現代音楽の支持者たちを、嫌っているわけじゃない。嫌うなんてことをしたら、あの俗物たちを過大評価することになるだろうからね。彼らは、現代音楽のダメさ加減に、全然気付いてないらしい。ダメだとは思わないんだ。おそろしく鈍感で、「時代が悪いから、音楽もこのように悲観的なのだ」なんて言っている。みんな揃って、そんなふうなことを言って、少しばかりのカネをもらってる。俺はそんなことはやってられないね。俺にとって、音楽は生き方の問題なんだ。何がいまの音楽なのか、どうすればクリエイティヴになれるのか、自分が音楽家だということにそもそもどんな意味があるのか、っていうようなことが問題なんだ。俺としては、そう、なんてったって、今の音楽ってものをつくったり、弾いたりしたいし、今の音楽と関わっていたいんだ。

俺の考える現代音楽っていうのは、俺たちの時代の音楽、それも、積極的《ポジティーフ》で満足を与えてくれるような音楽だ。音楽家が、そもそもなぜ音楽をやるのか、つまり、なんのために生きているのか、ってことがわかるんじゃなきゃダメなんだ。俺はそれを、俺たちの時代の音楽のなかで、つまりジャズ・クラブで探り当てた。そういうことがわからない奴らは、俺に言わせれば「尻野穴男」なんだ。

俺は言葉に衣を着せるのは好きじゃない。もちろん、「哀れな奴ら」と言ったってかまわない。ただ、そういう連中を見てると、俺としては、どうしたって怒りがこみ上げてきて、つい毒づきたくもなるんだ。でも、まあ、今じゃむしろ「哀れな奴ら」のほうかもしれない。怒りというよりは、同情してるよ。ただ気の毒に思うだけさ。なにしろ、連中ときたら、音楽のことを何も知らないんだからね。知ってることといったら、何かの本で読んだことだけで、それも、二百年前のもののエコーとしてだけなんだ。十八世紀にハイドンとかモーツァルトとかいう名の偉大な音楽家たちがいたことは知ってても、今の音楽となると、それがジャズとかそういう種類のジャンルとなると、何も聴いたことがなくて、何も、そう、なーんにも知らない。これは、お気の毒なことだよ。

■新しい聴衆

今から三十年くらい前に、俺はアホらしい燕尾服を投げ捨てたんだ。よほど低能でもないかぎり、十九世紀そのままのペンギンみたいな格好なんてしてられないさ。いまどき燕尾服なんか、ヴァルトハイムあたりがオペラ舞踏会にでも着ていけばいいんだよ。そんなもの、なぜ着なきゃいけないんだ。身動きはしにくいし、第一、燕尾服に蝶ネクタイじゃあ、外出もできやしない。若い奴らから相手にされなくなって当然さ。だから俺は、目的に合っていて、エレガントで、そうみっともなくない服を着るようにしてみたんだ。クラシックの聴衆にとっては、これがひとつの事件だったんだね。ほかの人たちにとっては、全然そんなことはなかったし、今だってそうさ。彼らはそもそも、燕尾服なんて全然知りゃあしない。ディジー・ガレスピーが燕尾服着ているの、見たことあるかい？　俺はないね。

俺はよくこう言われたもんさ――「せっかくクラシックのピアニストとして築き上げた信用を、なぜそんなふうに軽率に台無しにしてしまうんだい？」ってね。なにも俺が台無しにしたわけじゃない。聴衆が、彼らにとっての俺の信用とやらを、無責任でひどく極端な保守主義によって、勝手に台無しにしてくれたまでのことさ。演奏会のふつうの聴衆は、燕尾服を着た演奏家が出てきて、六曲くらいの定番ソナタのうちから、いくつか弾いてくれるのを期待している。こういう聴衆には、新しい種類のものは、何も提供できやしない。聴こうという気が、まるでないんだからね。俺はそれまで何年も、この路線でシコシコやってきたけど、ある日、そういうのにウンザリしてしまって、投げ出すしかないって気になったんだ。こういう聴衆とはもうやってられない、って感じだったよ。それよりは、若い聴衆に聴いてもらうほうがずっといい。じっさい、それは大成功だった。若い聴衆は、いろんな新しい種類の音楽の試みに対して、ずっと開かれた姿勢を持っている。俺は、自分がやっていることがとくに独創的なことだなんて、ちっとも思ってやしない。でも、何か新しい種類のことや変わったことをしようとすると、いつだっていろんな困難がつきまとうんだ。そういうものを受け入れようとしない連中というのは、まったく、どうしようもないんだ。

古い聴衆をほうり出して、新しい聴衆を呼び込む、っていうのは、容易なことじゃなかった。というのも、それは——主催者側にとっても——カネの問題にかかわってくるからね。お客をほうり出せば、カネも投げ出すことになる。俺はウィーンの〈世界の声《シュティメン・デア・ヴェルト》〉の事務局へ行って、主催者の連中にこう掛け合った。「いいかい、俺はもう、ケツの穴たちのためには弾かないことに決めて、きみらのとこへ来たんだ。きみらはいつもポップスやロックのコンサートをやっていて、常連の客をいっぱい持っている。そういう彼らに、俺はクラシックの音楽で——今度の場合はモーツァルトだけど——語りかけたいんだ。今までみたいな俺の客には興味はない。きみらがそのコンサートをどういうふうにやろうと、俺はかまわない。ただ、ムシの好かないタイプの客がひとりでもいたら、俺はやらないよ」。こうしてじっさい、彼らは俺のために、平均年齢二十二歳の聴衆を動員してくれたんだ。

　テレビ局のレーブル氏は、ちなみに、このコンサートの直前に主催者に電話して、こう言ったそうだ——「グルダが、あのバカが、クラシックの客をほっぽり出したって？　いったいどんなほかの客が、そんなコンサートに行くってんだい？」。ところがドッコイ、返ってきた答はこうだった——「ご心配なく。全席完売です！」。みんな、ジーンズにアノラックっていった格好で来たんだ。俺にとっては、それがすごくいい気分だった。たぶん、モーツァルトなんて一度も聴いたことがない奴がほとんどだったろうけど、彼らは俺の弾いたモーツァルトが、ものすごく気に入ってくれたってことがわかった。弾いていて、一瞬たりともそれを疑ったことはなかったね。やっぱり、なんてったって、一度ちゃんと聴かせるべきなんだよ。若い連中が聴いているラジオ放送は、オーストリア放送の第三だけど、そこではロックばかりやっている。今日もロック、明日もロック、あさってもロックってわけさ！　ロック以外はほとんど何もやってない。俺はなにもロックに反対するわけじゃないけど、これじゃああまりにも音楽の世界が狭すぎるんじゃないか、って思うんだ。

■二つの限界を超えて

何年かたつうちに、俺はジャズの領域で得た知識と伎倆を、さらに大きく拡げることに成功した。そしてその結果、ジャズしか聴かない連中が、彼らのゲットー的態度でもって、後生大事にしているものの限界まで踏み越えてしまった。つまり俺は、ジャズの基礎と伎倆抜きには考えられないとはいうものの、純粋主義的な意味でジャズとはいえないような音楽を、作曲して演奏もしたんだ。それは俺にとって、六十年代にやったことのなかで、いちばん重要な進歩だった。

ところが、俺の「ジャズのファン」の多くは、そうは見なかったんだ。ジャズ一辺倒の奴らとクラシック一辺倒の奴らの違いは、一方は目隠しを左の目に、もう一方は右の目につけている、ってことだけなのさ。俺はこれまで一貫して、そういう両者の間の多くの境界線を踏み越えてきた。俺がいわば第二の境界突破をしたのは、一九六〇年代の頃だった。その頃に俺が作曲して演奏した曲は、腕利きの一流ジャズ・プレイヤーじゃなくちゃ演奏できないもので、それにもかかわらず、というか、それだけなおいっそう、本当の意味でジャズ音楽だった。たとえば、ピアノ協奏曲の第一番と第二番なんかだよ。

ところが、ジャズ一辺倒主義者たちは、これにひどく腹を立てた。彼らにとっては、俺のこの境界突破は許せないものだったんだ。二十年前にクラシック・ファンが怒ったのとおんなじさ。そう、あの頃、クラシック・ファンは言ったもんだよ。「おやおや、なんと、ジャズですか」とか、「あれじゃあ、タッチをダメにしてしまう」とかね。そして今度はジャズのほうで、そういうようなことをやったら、理由こそ違うものの、まったく同じようにワケのわからないことを言って怒るんだ。ジャズにクラシックの形式を持ち込むべきではない、ってわけさ。「ブルースと三十二小節のソング形式で十分だ、アームストロングだって、ガレスピーだってそれでやってきたんだし、俺たちもそれで十分だ。ソナタ形式なんて持ち込んでなんになる、どうせそんなもの、だれもわかりゃあしない」っていうんだ。またしてもこのテのタワゴトを聞かされて、正直、ウンザリしたよ。まあ、そういうせりふは、その後もしょっちゅうさ。同じせりふを十回も聞かされてみろよ。いい加減、「勝手にしやがれ。もうお前らなんか相手にしない。時間の無駄だからな！」って思うさ。

以前ジャズに入れ込むようになったとき、俺は俺の先生の立場を考えて、申し訳ないって気持ちを抱きながら、この越境をしたもんだったけど、二十年後には、ジャズに関して同じことが起こったんだ。俺はジャズ・メンたちからものすごく多くを教えてもらって、彼らに感謝しているんだけど、その彼らに対して、批判的な立場を取らざるを得なくなってしまった。「きみたちにはすごく感謝している。きみたちには大きな敬意を表するし、きみたちのやっている音楽は大好きだ。でも、だからっていって、俺は――二十年前もそうだったように――立ち止まってはいられないんだ！」。俺はいつも、本当の自分になろうとすると、自分が尊敬してきた教師たちに対して、後ろめたい思いをしなくてはならなかった。聴衆に対しては、そういう後ろめたい気持ちはあまりない。というのも、なにしろ成功を収めたんだからね。これで行くんだと決めたときは――それはすごく孤独な決断だったよ――確かに、自分はいったい何をしようとしているんだろう、って自問もしたさ。「今や俺も三十歳から三十五歳になろうとしている。能力的にも、脂の乗りきった年齢なんだが……」ってね。

そんなふうにして俺は、俺の音楽の世界をさらに拡げた。だれでも知ってるように、ジャズでは管楽器が大活躍する。俺はいろんな管楽器のためのジャズ音楽も書いていたわけだけど、管のプレイヤーたちから、「これはサキソフォーン的じゃない」とか、「これはトランペットらしくない」とか、「こりゃあ吹けないぜ」っていうようなことを言われることがあったんだ。なんでだろう？　彼らはどうしてほしいんだろう？　俺の書き方はこの楽器に合ってないんだろうか？　そこで俺は、思いきった一歩を踏み出したんだ。彼らはいつも、俺が書いたものを批判する。吹いているうちに、だんだんこれは管らしくない、これはピアニストの音楽だ、って気がしてくるという。それならいっそ、自分でやってみようじゃないかって思って、俺はサキソフォーンを買ったんだ。次の日からというもの、俺は管楽器の練習を始めた。ジャズ楽器としてのバリトン・サックスさ。俺は一年、夢中で練習したよ。あらゆる機会に一緒に吹いてみるようにして、その結果、この楽器でもかなりの線まで上達することができた。そういうふうにして、口にくわえて吹く管楽器ってものがどんなものなのかを自分で体得したんだ。それがわかったあとは、このサックスはまた売っちゃったけどね。ついでに言わせてもらえば、俺がサックスを吹いている――それも相当うまく吹いている――レコードだって、ちゃんとあるんだぜ。古い録音で、探したってもうありゃあしないけどね。

この時期には、ジャズ風な曲をずいぶん作曲して、レコードに入れたりもしたものさ。やってよかったと思ってるよ。ジャズの世界のあらゆる優秀なプレイヤーたちと共演して、演奏を楽しむことができた。全員とは言わないまでも、彼らの多くとは、とりわけ大物のプレイヤーたちとは、個人的な知り合いにもなれた。彼らの世界で、俺は名前も知られているし、ちゃんと受け入れられてるんだ。彼らはこう言うよ――「そりゃあ、グルダはトップのジャズ・プレイヤーってわけじゃない。俺たちみたいなスペシャリストじゃないからね。でも、あいつは十分、ちゃんと問題にするにたる奴さ」ってね。

トップ・クラスのジャズ・ピアニストっていうのは、ごくごくわずかしかいない。コリア、ハンコック、ジャレット、マッコイ・ターナー、それにザヴィヌルっていったところさ。そこでは俺は、どちらかというと、そう、特殊なケースなんだ。俺は彼らと一緒にやっているけど、それはたんにジャズ・プレイヤーとしてではなくて（もちろん、そうでもあるんだけど）、むしろ、現代の重要な音楽家としての俺のありようにおいて、なんだ。俺が、彼らのような世界的プレイヤーたちと密接なコンタクトを持っているというのは、もちろんすごくいいことさ。こういうコンタクトの最初は、チック・コリアとのもので、コリアはさらに、俺の友人のザヴィヌルとの関係を再び活発なものにしてくれた。そしてまた、そこから、ハンコックとのミーティングへと発展したんだ。ピーターソンとは、そうでなくても、前から知り合いだった。ただ、彼はまったく閉鎖的な世界で生きているから、俺たちはそんなに親しいわけじゃない。彼は彼流にやっている。それだけさ。俺たちは互いに相手を評価しているけど、ただそれだけのことさ。

こういう正真正銘のトップ・ミュージシャンのひとりで、俺としてはすごく関心を持っているけど、まだ一緒にやったことがないのは、キース・ジャレットだ。どうしてもやってみたい、ってわけじゃないけど、面白いかもしれない。そうじゃないかもしれない、って気もするけどね。ひょっとすると、トップ・クラスのピアニストたちのなかで、いちばん面白い奴かもしれない。

彼らはみんな世界クラスのアーティストだけど、作曲や演奏においては、もちろん俺のほうが——クラシックの素養があるから——経験が豊富だ。とくに作曲となると、ジャズ・メンたちは、やっぱり音楽の世界が狭いから、俺にはとうていかなわない。彼らには上からの展望が欠けているんだ。クラシック音楽やヨーロッパの音楽の遺産を取り込むような、広い視野というものがない。ジャズ・ミュージシャンにとっては——今なおそうだけど——音楽はルイ・アームストロングをもって始まるんだ。それ以前には何もない。モーツァルトとかバッハとかヴェルディとか、オペラとか交響曲とかについては、何も知らない。そう、まるっきり知らないし、知ろうともしないんだ。俺は、それがいけないと言うつもりはない。でも俺自身は、自分がそういうものを知っていて、自分の音楽世界の全体のなかに取り入れられるということを、すごく嬉しく思うよ。

■クラヴィコードの発見

俺にとって、ピアノ以外の楽器のなかで主要なものになった、もうひとつの楽器は、クラヴィコードだった。七十年代に俺は二匹の狐《フクス》、つまりパウル・フクスとリンペ・フクスの二人と知り合った。パウルはそれ以前に、コントラバスに似た弦楽器を自分でこしらえていた。それはコントラバスとはちょっと違っていたけど、とにかく、彼がその楽器を弾くのを聴いていると、いろんな点で羨ましいと思うことがあった。とくに、彼が指とか手でもって、弦とすごく密接なコンタクトを持つことができるのが、羨ましくてならなかったんだ。ギター奏者が弦を爪弾いたり、音を長くのばす、ああいうような弾き方だよ。そこで俺はこう思ったんだ。ピアノってのは、なんて間の抜けた楽器なんだ。鍵盤と弦との間に、つまり人間と響きをつくり出す素材との間に、ひどく複雑なメカニズムが介在している。そう思った俺は、ギターという楽器がどうできているのか、フクスのこの低弦楽器がどうできているのかを、一度じっくり観察してみた。そして思ったんだ。こりゃあ、ぜひなんとかして自分で試してみて、もっと良く知りたいもんだ、ってね。ちょうどその頃、俺たちは偶然にも、バイエルンのどこかの家に、ものすごく古くて使い物にならないクラヴィコードの残骸があるっていうのを聞いたんだ。俺はそれまで、クラヴィコードというものを見たことがなかったけど、とにかく出かけていって、じっくりそれを眺めてみた。なんてヘンテコな楽器なんだ、って思ったよ。まったく調子の狂った音はするものの、およそ楽器の音なんてもんじゃない。所有者はこう言った——「そりゃあ、そうですよ。簡単にはいきません。とっくに消滅した楽器ですからね。弦もむき出しです。だから、鍵盤を弾いてもいいし、手で弦をはじいてもいい。好きなようにしてみてください」。

そんな会話を交わしているうちに、俺は突然この楽器に魅了され始めたんだ。そうなると、俺のことだから、もうやるっきゃないわけさ。俺はすぐに新品のクラヴィコードを買い込んで、そいつをいじくり始めた。「ようし、遅くともあさってまでには、こいつを完璧に弾けるようになってみせるぞ」って自分に言い聞かせたさ。ピアノの一種なんだから、なんてことないって思ったんだ。ところが、それはとんだ見当違いだった。最初のうちはガックリすることの連続で、そのうち——ジャズを始めたときと同じように——自分がそれについて何もわかっちゃいない、最初から根本的に学ばなくてはダメだ、ってことがはっきりしたんだ。そうなると、負けず嫌いの俺のことだから——なにしろアメリカの批評家に、「ブルドッグにも似た断固たる姿勢」って書かれたことがあるくらいだからね——こう決心したわけさ——「どれだけ練習しなきゃならないか、どれだけ時間がかかるか、そんなことはどうでもいい。とにかく、クラヴィコードを弾けるようになってやるんだ。それも、ちゃんと弾けるようになってみせるぞ!」。それには、ふたつの事柄が関係していた。ひとつはバッハに対する俺の関心ということ。俺にはバッハは、ほかの楽器で弾くよりも、クラヴィコードで弾くほうがいいように思われた。もうひとつは、フリー・ミュージックへの俺の関心さ。俺はこの分野で、多くのものや演奏法を、新発見したり再発見したりしてきた。こんどはとくに、指が弦に対して行使できる、ありとあらゆる表現の可能性を探ってみたいと思ったんだ。

クラヴィコードの音はすごく小さくて、演奏会向きじゃないんだ。俺はそれを——もとの音を変えずに——電気的に増幅して、多くの人が聴けて、面白いものにした。そうなりゃあ、もう、俺のことだから、クラヴィコードを持って舞台に上がらないではいられない。俺の場合いつも、メイン楽器であるピアノが近くにあったから、クラヴィコードをだんだんと、少しずつそこへ紛れ込ませるようにした。最初のうちは、できることを少しだけ弾いていたけど、どんどん増やしていった。そういうふうにしたのは、俺が初心者だからとか、間抜けで腕がおぼつかなかったからじゃない。むしろ、自分に厳しくして、十分に練習を積んでからやる、ってことにしたからなんだ。いや、本当だよ。まだ俺はこの楽器を完璧には弾けない、だから、できるようになったことだけしかやっちゃいけない、っていう姿勢さ。俺が自分に、よしOKだ、これならクラヴィコードでソロ・コンサートをやってもいい、って言えるようになるまでに、五年はかかったよ。もちろん、レコードだって録音したさ。

クラヴィコードの場合は、弾けるようになるのに、ピアノの場合より苦労したよ。ピアノみたいに完全にマスターした、とは言えないと思う。でも、ほかのだれよりも俺のほうがうまく弾ける、と思えるまでにはなったんだ。

■フリー・ミュージック

それと、そう、音楽家の理想は歌手だ。歌手は自分の身体を楽器にできるんだからね。

演奏者すなわち楽器、っていうわけさ。だから、音楽の起源は歌ってことになるんだ。つくり手とその道具とが近ければ近いほど、両者の距離が小さければ小さいほど、ますます理想的なわけさ。

そういうわけで、俺は、よし今度は〈フリー・ミュージック〉をやろう、って考えたわけさ。俺がこれをやらないっていうテはない、と思ったんだ。俺は以前からすでに、ブロックフレーテをすごくうまく吹けるようになっていたんだけど、その後やらずにほっておいた。そして、〈フリー・ミュージック〉に首を突っ込むようになるなかで、いつもピアノばかり弾いてるよりは、いろいろ違った楽器で、響きの変化をもたらすほうが、全体にとってベターなんじゃないか、って考えたんだ。それで俺は、ピアノ以外で俺の弾く楽器を思い起こしたわけさ。そういうふうにして、俺はクラヴィコードを、いわば新発見したってことになるわけ。そしてついでに、ブロックフレーテについても、また練習するようになったんだ。夢中になってトコトンやったから、この楽器でも名人の域に達したと思うよ。また、それとあわせて、歌うことも始めたんだ。ひょっとしたら、俺のウィーン訛りの歌は、今じゃすっかり商業ベースにも乗るようになってる、方言ソングのブームの先駆けだった、って言えるかもしれないな。

演奏が、というか、ある音楽表現が、うまいかヘタかっていうことは、〈フリー・ミュージック〉においては、ほとんど意味をなさないまでに相対化される。規範がないことが、まさにプリンシプルなんだ。いかなる規範も認めないってことだけが、唯一の規範ってわけさ。まさにこの点が、ジャズをやったことのある俺にとっては、魅力あるものに思われたんだ。ジャズにおける即興演奏は──ちなみにクラシックでも、そのよりベターな時代である十七、十八世紀の音楽の場合、同様なんだけど──即興とはいっても、一定の枠が用意されていて、それをなんとか上手く充たしてやる、っていうわけなんだ。だから当然、即興にもうまいのとヘタなのがあって、その質を批評することができる。ところが、〈フリー・ミュージック〉となると、これはもう正真正銘の即興なんだ。テーマもヘチマもありゃあしない。とにかく、まさに思いのままに、好きなように弾いてりゃいいんだから、批評もヘッタクレもないわけさ。人々にとっては、とりわけ批評家たちにとっては、これがなんとも腹立たしいことだったんだね。彼らはバカにされて、ほったらかしにされたように感じた。手出しができない、って思ったんだ。

厳密な意味での〈フリー・ミュージック〉って、いったいなんだろう? まあ、あれこれ言えるだろうけど、何よりもそれは、作曲されていないもの、だと思う。つまり、楽譜に固定できないし、またすべきでないものなんだ。それはまあ、一種の形容矛盾ともいえる。それを作曲したら、それはもう〈フリー・ミュージック〉じゃなくなるということだからね。そういう理由から、俺はその頃、それ以前に自分が書いた全作品を、整理してみなくちゃいけない、と思い立った。なかにはレコードになっている作品もある。でも、どれも厳密な意味では〈フリー・ミュージック〉とはいえない作品ばかりさ。この整理の作業は、ひどく時間がかかったし、退屈だった。いい加減、イヤになることも、しばしばだったよ。なにしろ、片っ端から楽譜を集めては訂正するわけで、出版社とのケンカはしょっちゅうだった。ちゃんとカタログに入っているかとか、誤植はないかとかいったことを、いちいち調べなきゃならない。そういうふうにしてやっと、俺のそういった作品が、あるものは印刷されたし、あるものは貸し出し用の楽譜として、ちゃんとした形で用意されるに至ったんだ。だから、俺の作品について知りたいと思う人は、何の困難もなしですむ。演奏したいものがあったら、ただ楽譜を買って、それを見ればいいんだからね。出版社に訊いてみると、かなり売れ行きもいいらしくて、俺としては満足な気分さ。とりわけ、おもにピアノのために書いた作品は、すごく人気があるんだ。あなたのあれこれの作品を弾いていますとか、あれはむずかしいですねえ、とか言ってくるピアノの先生や生徒が、よくいるよ。とにかく、俺の曲も、だんだん知られるようになってきているのは、確かなようだ。まあ、レコードによって、というのもあるだろうけど、いろんな人たちが楽譜を買って弾いている、あるいは弾こうと努力している、ってことは確かなんだよ。

自由と限界

〈フリー・ミュージック〉をレコードやテープにして出すのは、ほかの人たちに刺激を与える、というくらいの意味はあるかもしれない。つまり、それを聴けば、これなら自分にだってできる、って思うのが自然だからね。俺はそれに対して、こう言いたいんだ――「そうさ、だからやってごらんよ。ぜんぜんむずかしくなんかない。とにかく自分でやってみることさ」ってね。そういうふうに考えれば、もうシメタもんさ。あとはどんどん、先まで進んでいく。最初にそう思うことが肝心なんだ。今では、何か欲しいものがあれば、すぐ、これを買おう、ってことになるだろう。音楽も同じようなものさ。音楽が聴きたくなれば、店に行ってレコードを買う。でも、音楽への要求は、自分が何かすることで、自分の手を使うことで満たすこともできるんだ。ところがだれも、そうは思い至らない。そういう人がいるとしても、ごくわずかでしかないんだ。

だから、音楽が欲しいと思ったときには、レコードをかけるなんていう月並みなことはせずに、「私は音楽が欲しい。だから自分でそれをやってやろう」っていうふうに考えるほうが、ずっと理にかなっているし、望ましいことなんだよ。たぶんそれが、〈フリー・ミュージック〉の最も重要なメッセージのひとつだと思う。そう、人生において最良のものは、カネでは買えないんだよ。このメッセージは、たんに「自分でやってごらんよ」っていうだけじゃなくて、すべてを商品化してしまうこんにちの消費社会への、断固たる反対の意思表示でもあるんだ。

俺たちの〈フリー・ミュージック〉のために、すごく多くの人たちが問題を抱えさせられたことは、確かさ。でも俺は、信念に従ってそれをやったんだ。そしてそれをやって、損をするとかなんとかいうようなことは考えなかった。ほうぼうで、会場はガラガラだったさ。金銭的にも、大きな赤字を出したよ。それ以前には、クラシックのほうの活動を減らしたりはしてなかったけど、そのときからはドラスティックに減らしたもんさ。まあ、もっとも、それは必ずしも〈フリー・ミュージック〉だけのせいでもないんだ。年がら年中あちこちへ演奏旅行に出かけるような生活が、もうそろそろ神経にさわるようになってきていた。だって、もう十三回も南米に演奏旅行に行ったことがあれば、なぜ十四回目をやらなきゃならないのか、なんてわからなくなるからね。それに、カネだけの理由なら、俺はもうとっくに、そうする必要なんかなかったんだ。

ただ俺は、七十年代の俺の活動に対して俺を批判する連中が行なった非難については、八十年代を振り返ることのできる今、ある程度はそれを理解できる、ってことを言わなくてはならないと思う。とはいっても、この七十年代の時代の一秒たりとも、俺は後悔するつもりはないよ。俺は、ものすごくいろいろな経験を積むことができた。そういう経験は、あの連中にはまったく欠けているんだから。みんな、気の毒な人たちさ！　でもまあ、たしかに、もうちょっと穏やかにならなくちゃいけない。そんなこと言うとは、俺もやっぱりトシをとってきた、ってことかもしれないね。判断や評価をするにしても、多少は穏健になってきたよ。そりゃあ、世の中やっぱり、「あれかこれか」の二者択一よりは、「あれもこれも」の両者共存ってことのほうが多いのさ。「あれもこれも」っていうのは、つまり、そいつは限界のある奴（もっと容赦のない言い方はやめておく）だけど、そいつの言うことにも、まあ、たしかに一理はある、っていうふうに考えるようになったんだ。そう思うと〈フリー・ミュージック〉に対する非難にも一理あるかもしれない。というのは（「グルダはもうピアノを弾くのをやめてしまった」なんていう浅薄な非難は別だけど）、それは、いちばん深いところでは、コントロール不能っていう事態への、そう、まさに無規範をプリンシプルとすることへの異議として、一理あるかもしれないからなんだよ。俺はその無制御と無規範というプリンシプルを、徹底的に貫徹しちゃったわけさ。

〈フリー・ミュージック〉に対する主要な批判は、こう言い表わすこともできる――「何でもOKのところでは、何も起こらない（Where everything goes nothing matters)」。ドイツ語で言えば、「すべてが許されるところでは、もはや何も重要なものはなくなる」ってことさ。

俺が〈フリー・ミュージック〉でピアノを弾きたがらなかった主な理由は、ピアノという楽器が構造的にも音響的にも、この種の音楽には適してない、って感じたからなんだ。それに、ピアノっていうのは馬鹿デカイからね。なにせ三〇〇キロもあるんだ。ほかの連中の楽器は、どんなに重くたって、せいぜい一〇キロってとこだよ。やってられない、って気になるさ。そんなわけで、まずは、「グルダはピアノをほんの少ししか、いやそれどころか全然弾かなくなった。彼は頭がイカれたのだ」って言われることになった。さらにもう一つの非難は、この〈フリー・ミュージック〉なるものにはリズム、メロディー、ハーモニー、形式といった音楽のさまざまな要素がまったく認められないではないか、っていうものだった。そしてさらに、非難する連中の反応は、二つに分かれた。ある連中はバカにされたと感じた。別の連中は、批判しようにもなんの足がかりもないもんだから、自尊心を傷つけられたと感じたんだ。ピアニストがソナタを弾いて、そのなかで二回ミス・タッチをすれば、はっきりそれを指摘してやることができる。ところが、どんな規範も持たず、認めず、むしろ意識的にそれを避ける音楽ということになると、批評の足がかりがない。すべては同じようにいいか、もしくは同じように悪いかであって、ようするに見方の違いってことにしかならない。批評家たちにとっては、それがなんとも許せない、きわめて腹立たしいことだったんだ。どうやって批評したらいいか、わからないんだからね。だから〈フリー・ミュージック〉は、さんざん攻撃された。それは批評不可能な音楽なんだ。すべてが許されるなら、やってはいけないことも何もないんだからね。

俺たちは誇りをもってそれをやった。アホどもの言いなりになることは、断固拒否したんだ。イヤならどうぞお帰りを、って答えてやったのさ。別のもう少し穏やかな答えは、リンペ・フクスの言葉だった。演奏の恣意性の問題について、彼女はこう言った――「私はどうかって言えば、すべてを完全に意識してやっているの。でも、どうしてそうするのかはわからない。感じた通りにやってるの」。彼女のこの言葉は、あれこれの議論を終わらせちゃったね。それはまったく感覚の問題であって――この点、強調する必要があるんだけど――〈フリー・ミュージック〉の哲学といったものとは、ごく周辺的なところでつながっているだけなんだ。多くの音楽家たちが〈フリー・ミュージック〉とかかわりを持ったのは、哲学的な根拠ゆえにということでもあった。リンペにとっても、それは幾分かはイデオロギーの問題だった。でも彼女の場合、なんて言ったらいいか、それはとりわけ、彼女が女であるということにおいてこそ、しかもそのことを強く意識することによってこそ、彼女の本質に深く根ざしたものだった。もっとよくわかってもらうために、ちょっと突拍子もない言い方をすれば、リンペは神様とホット・ラインでつながっているんだ。彼女がどうやってそれをするのか、俺にはわからない。ひょっとしたら、なにか〈声〉のようなものが聞こえるのかもしれない……たとえば、歴史上の人物でいえば、ジャンヌ・ダルクみたいにね。彼女の場合も、おまえはなぜフランス軍を、ほかならぬこの戦場に導くのか、ってきかれたわけさ――「鈍重な村娘のくせに、なぜこうしなくてはいけない、っていうのがわかるんだ？　どうして、お前の言った通りになるんだ？」ってね。ジャンヌはいつも、こう答えたっていうじゃないか――「私にはわからない。私の〈声〉が私にそう言うの」。

俺はなにも、リンペが聖女だなんていうつもりはない。でも彼女には、どこか聖女みたいなところがあるんだ。彼女は音楽の演奏に際して、自分がやることと避けることに関して、一種説明のできないような確実さを持っている。〈フリー・ミュージック〉のコンテクストのなかでも、彼女は自分の音楽についての合理的な説明を、いつもスルリとかわしてしまうことができたし、今だってそうなんだ。いつだったか、だれかがリンペにこう言ったことがあった——「きみがやっていることは、まったくもって、勝手気ままそのものじゃないか。きみが今、まず大きな太鼓を叩いて、次に小さな太鼓を叩く、その根拠っていうのはあるのかい？　逆じゃいけないのかい？　どっちだってかまわないじゃないか。所詮、こういう音楽は、なんだってかまわないのさ」。それに対して、彼女はキッパリこう言った——「どうでもいいなんてこと、ないわ。私は、私の心のなかに聞こえるものを弾いているの」。どこで聞こえるのか、って訊ねられても、彼女は、「とにかく、聞こえるのよ」って答えるだけだった。こうなると、もう説明なんかできないわけで、だから俺は、ジャンヌ・ダルクの場合とくらべてみたわけさ。まあ、「神がそれを望んでいる」なんてことを言う人間は、そうたくさんいるもんじゃない。「私にはヴィジョンが見える。私がそうすることを神が望んでいる。そして今神は、私が沈黙することを望んでいる」——リンペはそう言ったんだ。

5 ウィーンの伝統と病

俺はウィーンの自殺者のひとりにはなりたくない

■作曲すること

他人が作曲したものを、何百回も——うまくかヘタにかはさておくとして（たいていはヘタにだけど）——弾いてばっかりいるのは、じっさい、まったく面白くないことさ。だって、そういう作曲家たちのほとんどは、もうとっくに死んじゃっているんだしね。昔は、自分が作曲したものを自分が演奏する、っていうのが普通だった。昔は音楽家は楽譜を残したけど、今はレコードを残すってわけさ。こういう、ただ楽譜を正確に演奏するだけの連中っていうのは、およそ考えられる最も退屈な連中だね。まあ俺も、アーノンクールみたいな奴についてなら、創造性がないっていう批判をするつもりはないさ。でもたいていの連中は、死ぬほど退屈だ。演奏と作曲っていう二つの行為が分離してしまったことが、不幸な衰退をもたらしちまったんだ。

批評家たちの多くは、俺の作曲した作品をまともに取り上げようとしないけど、そんなことは俺はちっとも気にしない。ああいう専門誌ジャーナリズムっていうのは、まったくウンザリだよ。悪臭をふりまく、クソの山みたいな世界さ。でも、聴衆と、それに多少はもののわかる連中が、俺の味方をしてくれる。アホな批評家たちは、グルダが何を本当にしたいのか、しているのか、まるでわかっちゃいない。理解しようとする姿勢もないし、しようったって、できやしないんだ。そんなわけで結局、連中は自分たちのクラシックのゲットーのなかだけで生きて、そこで腐っていくのさ。

もうひとつのゲットーには、「現代音楽の作曲家」たちが、彼らの「現代的作曲技法」を抱えて住んでいる。とりわけ、十二音音楽の系譜の作曲家たちだ。俺は、ああいうのは気が知れないね。

彼らは、根音や調性なしにやっていけると思っているわけだけど、じゃあ彼らのプリンシプルには、いったいどんな正当性と根拠があるっていうんだい？　無制限の個人主義ってわけかい？　もしそうなら、〈フリー・ミュージック〉のほうがましだよ。だれかが「私は十二の音の関係に基づいて音楽をつくる」っていうのなら、俺はこう質問させてもらいたいね――「そりゃあ、まあ、ご自由ですけど、なんで十三とか、十一とか十四の音じゃダメなんですか？」「なんの権限があって、これこそが今後用いられるべき音楽の秩序体系だ、なんて決めつけるんだい？」「あんたは神様かなんかなのかい？」「なにを思い上がって、立法者みたいにふるまうんだ？」

二十世紀の実験的音楽は、多種多様な音響や音色を、ひとつの秩序に押し込めようとしたわけだけど、これはまったく馬鹿げたことだよ。以前は根音とか中心音とかいう、広い意味での調性というものがあった。そういった音の序列の原理は、もとはといえば、そう、神の国の序列を投影したものなんだ。ところが、それを放棄してしまったもんだから、なんとかして、以前の秩序に代わる別の秩序を打ち立てようとしている。ひとかどの人物たちが、それはある程度の信仰心を持っていれば、神様が与えてくださる、とでも思っているみたいなんだ。いつか有難い十戒が天から下される、ってわけなのかね。そんなのムリだよ。新しい秩序をもたらす人間なんて、だれもいやしない。音楽っていう、ちっぽけな、どうでもいい世界でだって、無理な話なんだよ。

俺の場合、作曲の仕事に取りかかるに際しては、長いあいだ躊躇するのがふつうだ。腰をすえて書き始めるまでには、ずいぶん長くかかる。でも、音楽で何かまた言いたくなって、さあ始めるぞ、っていう気持ちになったら、もうその瞬間からは、事は自ずと進んでいく。そうなると、やめようったってやめられやしない。創造性の装置が起動したら、もうどうにも止まらないって感じさ。

もちろん、グルダ氏が作曲するには、何かきっかけがなくちゃならない。それはたいていは、何か外的な体験だ。たとえば、だれか演奏家と出会って、そいつのことを面白いと思って、そいつのために何か作曲したくなる、っていうようなことさ。六十年代には、ビッグ・バンドのためにも曲を書いた。あれは、当時ビッグ・バンドと何度か共演する約束をしていたんだけど、弾くべき曲がぜんぜんない。それで、しょうがないから作曲したわけさ。あるいは、自分のソロ・コンサートで何かちょっと弾いて、それがすごくウケたりすると、そういう感じの曲をもっと書いてやろうって気になる。ウケる曲を書くのは楽しいからね。

ロマン派的な考えでは、ミューズの女神——どんなものか知らんけど——が接吻してくれたら作曲する、ってなもんだろうけど、俺はそういうガラじゃあないんだ。きっかけなんて、いくらだってある。俺の息子のリーコのことが可愛いと思えば、俺はすぐに一曲書いたりする。《リーコのために》は、この俺の息子のポートレートみたいな曲さ。当時ヤツは十二歳だった。

つまり俺は、俺があまり高く評価していない十九世紀の代表的作曲家たちよりも、俺がすごく尊敬している十八世紀の作曲家たちに似ているんだ。モーツァルト、バッハ、ハイドン、ベートーヴェンといった最も偉大な巨匠たちは、そういう点で、俺にとって、まあお手本みたいなところがあるといえる。モーツァルトはリンツでこう言った——「シンフォニーが一曲必要なのです。しょうがないから、ひとつ書きます！」。プラハでは、《フィガロ》が大当たりして、もうひとつ書いてくれって言われたもんだから、じゃあ書いてやろう、ってんで《ドン・ジョヴァンニ》を書いた。つまり、芸術ってものに対して、ずっと実際的な態度をとっているんだ。俺の場合はこうさ――「来週コンサートがあって、ビッグ・バンドのための一〇分くらいの曲が要る。だから俺は腰をすえて、一曲書く」。俺は、自分がこういうふうに言うことを、誇りに思っているよ。ハイドンはあるとき、こう訊ねられた――「先生、あなたは以前あんなにたくさん弦楽四重奏曲を作曲なさったのに、なぜ最近はお書きにならないのですか?」。ハイドンの答えはこうだった――「だって、だれも注文してくれませんからね」。

もちろん、その種の曲がその頃ぜんぜん書かれていないってことの裏には、いろいろともっと深い理由があるわけだけど、俺は外的なきっかけというものを、低く評価しようとは思わないんだ。

自分が作曲した曲を自分で指揮するのは、俺にとっては当たり前のことさ。だって、自分以上にその曲をよく知っている人間は、いやしないんだからね。それに、偉大な作曲家たちは、みんなそうしてきたんだ。彼らは、自分にとって重要な作品の場合は、初演やその後の上演を自分で指揮した。ただ、俺が自分で指揮するのは、そういう理由からだけであって、それ以上の「指揮者としての」野心は持っていない。たぶん、だからこそ俺は、たいていの指揮者とうまくやっていけるんだろうね。だれも俺のことを、ライヴァルだとは思わないのさ。でも、俺は指揮だって結構うまいんだぜ。指揮するしか能のない指揮者たちのなかには、俺よりヘタなやつが少なくないよ。でも俺は、指揮者になろうって気はない。楽員たちに練習させるのも、どっちかっていうと苦手なほうだしね。

■教師＝グルダ？

同じ理由から、俺は教師としてもまるで失格なんだ。大体いつも、俺が思うように弾いてくれないと、「もう一度」って言って、あれこれしかじかのことを言うんだけど、それでも思うようにならないと、もう「こりゃあ、どうしようもない」って思って、そのまま弾かせておく、ってことになっちゃうんだ。俺は生徒たちに――ちなみに俺には、ごくわずかしか生徒がいないけど――気合いを入れるために、よくこう言うことがある。「きみらは、自分がやっていることに精神を集中しなくちゃいけない。とにかく、絶えずそれと取り組んで、それに固執して、ほかのことはすべてどうでも構わない、っていうふうにならなきゃダメだ」。

生徒と先生の違いはどこにあるかといえば、結局のところ、生徒のほうはそこまで集中できない、っていうことなんだ。ところが生徒には、そのことがわからない。わかっていれば、生徒のままではいないわけさ。たしかに、そこまで集中するっていうのは、たいへんなことで、容易じゃない。でも、頑張り通してそれをやってしまうと、もうそれがなんてことのない、ごく当たり前にできることのように思われてくる。それが肝心なんだ。三十年間必死になってやってきた俺にとって、それこそが、獲得できたいちばん素晴らしいものなんだ。

この点でも、最良の例は、またしてもモーツァルトなのさ。モーツァルトの曲では、すべてが自然に流れてゆく、って感じがするだろう。なんの秘密もなく、なんの問題もなく、すべてが完璧で、非の打ちどころがない、っていう感じ。ところが、その後ろには、ものすごい精神の集中、ものすごい思考の作業、ものすごい意志が隠れているんだ。モーツァルトみたいな天才は、すべてがいとも容易にできてしまうんだ、って考える人々もいる。たしかに、そういうふうに見ることもできるかもしれない。でも俺は、こう思うんだ。彼がすごいのは、究極的な集中力でもって事にあたれる、っていう点なんだって。そういう集中力の結果、すべてがいとも容易にできてしまったかのように見える。これこそ、名人中の名人なのさ。

俺が辛抱強くないってことも、俺が教師として失格である理由だね。それにそもそも——これが一番の理由かもしれないけど——俺はヘタな音楽は嫌いなんだ！　なにしろ生徒っていうのは、残念ながら、みんなヘタだからね。放り出すっきゃないわけさ。こりゃあ、どうやったってうまくならない、もうやってられない、って思っちゃうんだ。それで、生徒を放り出したら、俺はすぐピアノに向かって、自分でちゃんと弾く。そうすりゃ、また幸せな気分になれるんだ。

だから、俺はレッスンっていうのはほとんどしない。ただ、自分の息子となると、話はまた別さ。なにしろ、ふだんから息子のためにいろいろしてやれなくて、すまないっていう気持ちがあるからね。息子はいい教師たちについている。でも、俺の息子だって、さっき俺が言ったようなことに関しては、もちろん例外じゃない。パウルは非常に能力がある。下の息子のリーコも、どうやらそうみたいだ。俺は彼らの成長を――つまり、この二人の息子の音楽的成長を――一定の距離をおいた関心をもって見守っているんだ。こう言うと、なんだか冷たい父親みたいに思われるかもしれないけどね。まあ、じっさいそうなのかもしれない。俺は、父親であるとか、そういった家族の絆ってやつが、どうも苦手なんだよ。

俺の息子はあるとき、何をどう弾くべきかは、どうすればわかるのかって、俺に訊いたことがあった。それは、そう、教育と才能と直観の三つの配合から決まるんだ。自分自身が音楽家なら、他人の――この場合は他の作曲家の――思考過程を、よりよくフォローすることができる。学校も重要だ。学校はそういう思考過程を、教育を通じて伝授してくれる。才能となると、これはまあ、いくぶんかは虚栄心の問題ともいえる。

良い音楽の教師というものは、もちろんいつだって、テクニックだけでなく、音楽そのものも教えようとする。でも、音楽学校での教育においては、指の訓練に重点が置かれていることは、否定できない。目に見える教育効果ということになると、やっぱりテクニック優先になっちゃうんだ。ところが、ジャズの勉強となると、これがまったく逆なんだね。たとえば、ジャズ・クラブに出入りしてるうちに、一緒にプレイするようになる、っていうような場合さ。そういう場合は、とにかくそこでジャズを聴いて、聴いたものをなんとか自分流に弾いてみようとする。そうしながら、だんだんとテクニックを身につけていく。もちろん、やってみてもうまくならない奴もいるけどね。楽器を上手に弾くとはおよそ言えないけど、ジャズ・プレイヤーとして素晴らしいヤツってのは、けっこういるんだ。一方、音楽学校には、ピアノは上手に弾けても、まるで音楽がわかってない、っていう音楽家がゴロゴロいるよ。

■アルゲリッチ

でも正直言うと、かつて一度——五十年代だったと思うけど——この俺が教師になりたいと思ったことがあったよ。俺は何度も南米に演奏旅行に出かけていたけど、そのうちの何回目だったかに、すごくしつこい一人の母親が、「神童」とやらを連れて、俺を訪ねてきたんだ。そういう場合はいつも、どうにかして追い払うようにしてるんだけど、彼女、粘りに粘るわけさ。俺もとうとうその強引さに負けて、「しょうがない、じゃあ、いつか会うことにするか」ってことになって、日どりを決めた。そんな次第で、このママ・アルゲリッチが、十二歳になる娘のマルタを連れて、俺のところへやってきたんだ。俺は、まあちょっとピアノを器用に弾くくらいの、たいしたこともない子供なんだろう、と思っていた。すごく可愛い子だから、俺も少しは愛想が良くなって、「何を弾いてくれるの？

どこでピアノの勉強をしたの?」って、やさしく訊いた。緊張を解いてやろうと思ったんだ。こうして彼女は、子供らしい率直さでシューベルトを弾いた。もう、驚いたのなんのって。神童ってものが、本当にいたんだよ。

マルタは、バレエをやる女の子同様、すごく早くからピアノを始めた。四歳からだそうだ。そして、先生が非常に良かった。スカラムッツァという名の、すごく評判のいい先生だったそうだ。俺がびっくりしたようすを見て、母親はもちろんすごく喜んだ。彼女は推薦状を欲しがった。もうすでに、老大家のルービンシュタインに書いてもらったのを持っていて、そういうのをいくつか集めて、ヨーロッパへ行こうとしていた。そしてじっさい、この母と娘は、ウィーンにやってきて、アルゲリッチは、それから二年以上、俺の生徒になったんだ。もっとも、教えるといっても、それはじつに風変りな指導だった。なにしろこの娘《こ》ときたら、なんだってできちゃったんだ。まったく信じられないよ。十二歳かそこらでだぜ。俺は、何を教えたらいいのかわかんなかった。

ピアニスティックなことでは、教えることなんかもう何もなかった。だから俺は、それを正直に彼女に言って、きみはいったい何をしたいんだ、って訊いたよ。「あなたのもとで勉強したいんです」「何を勉強するっていうんだ。きみはなんだってできるじゃないか」「そうかもしれませんけど、やっぱり私は、そう、クラシック音楽を、そう、ウィーン人のあなたのところで、学びたくて……」。それで俺は、やっと合点がいったわけ。マルタは要するに、ヨーロッパの、というかウィーンという環境のなかで、クラシック音楽についてもっと学びたかったんだ。俺たちのウィーンのクラシック音楽、つまりハイドン、シューベルト、ベートーヴェン、ブラームスといった作曲家たちの作品を、ブエノスアイレスで学ぶより、ウィーンでもっと学びたい、ってことさ。俺は、それはもっともな話だと思ったよ。それで俺は、とにかく何かを彼女に教えてやるように心がけた。カネはもらわずにだよ。だって、俺のところにやってきた最大の才能からカネをもらうなんて、そんなことできるかよ。

マルタはその後、いくつかのコンクールで優勝した。ジュネーヴのコンクールも、そのうちのひとつだった。ルービンシュタインとグルダのあとは、彼女はさらにミケランジェリのところへも行った。でも、はっきり言って、彼女はイカレてるよ。ひどく唐突っていうか、アテにならないんだ。しょっちゅうキャンセルするもんだから、多少警戒されてもいる。野性の女っていうのか、ちょっとクレイジーなところがあって、扱いにくいことといったらない。彼女はいつもアブナイわけさ。一時期、スイスの指揮者〔訳註：シャルル・デュトワ〕と結婚していたけど、これは二人目の夫で、最初の夫のことはだれも知らない。でも、この夫との間には子供が一人いる。その後は、何人ものピアニストたちを次々に恋人にした。彼らとは、エロチックな関係もあったさ。そういうことについて、彼女は、俺にはまったくオープンに話すんだ。俺はまあ、彼女にとって、一種のお父さんって感じかな。「おい、ここんとこ、だれとオネンネしてるんだい？」って俺が訊けば、彼女は俺にすべてを話す。何から何まで、洗いざらい話しちまうんだ。彼女がいつハッピーで、いつそうでないか、俺には正確にわかるよ。そんなわけで、俺たちの関係は、当初からずっとそういうふうなのさ。彼女はもうとっくに四十を超えてるけど、俺を見るときの彼女は、相変わらず小さな女の子なんだ。今なお、十二歳のかわいいマルタ、って感じなんだな。

現在のところは、彼女はラビノヴィッチっていうやつと一緒にいる。ロシアのピアニストで作曲家だそうだ。体制批判者のひとりで、いちおうちゃんとしたやつらしい。シュニトケとかシチェドリンといった連中の仲間なんじゃないかな。俺は彼女に、「今度は今までと違って、きみが選んだダンナについて了解するよ」って、満足の気持ちを伝えた。このラビノヴィッチとは、どうやらうまくいってるらしいよ。彼女のほうはやたらによくしゃべるけど、彼のほうはほとんどなにもしゃべらない。すごくいい組み合せなんだ。アルゲリッチとの共演っていうのは、俺の場合、あまりやっていない。彼女がまだ半ば俺の生徒だったころ、少しやったくらいかな。奇妙なことだけど、俺たちはちゃんとした演奏会とか、録音を一緒にやったことがない。でも俺は、彼女とは、結びつきってものを感じるんだ。

ウィーンの仲間たち

結びつきを感じる、ってことなら、そりゃあとりわけ、一連のすぐれたウィーンのピアニストたちとの結びつきだね。アルフレート・ブレンデル、ルートヴィヒ・ホフマン、イエルク・デームス、パウル・バドゥラ＝スコダ、イングリート・ヘブラー、といった人たち。もちろん、ルドルフ・ブーフビンダーもそうさ。みんな、俺にとっては親類ってとこさ。もう俺も相当のトシだから、そうはっきり言っていいと思うけど、みんな俺の親類みたいなもんなんだ。近いにしろ、遠いにしろね。

ブレンデルの場合は、とくに興味深いものがある。あいつは、俺たちが二人ともまだ若い駆け出しのピアニストで、ウィーンで演奏していた頃、気の毒なことに、いつも俺とくらべられて、貧乏クジを引かされていた。でもあいつは、外国へ移住して、努力と精進を重ねた結果、現在の彼の高いランクを勝ち取ったんだ。ひょっとしたら俺は、結果としてはそんなふうにして、彼のそういう発展と現在の姿に、多少は貢献したといえるかもしれないな。

こういうウィーンの仲間のピアニストたちのなかには、上手いのもいれば、それほどでもないのもいるわけで、もちろん俺は、彼らに対していろいろ言いたいことはある。でもやっぱり、俺たちがこのウィーンのピアニストの系譜のなかで、すごく強く結びついていることは確かなんだ。そりゃあもちろん、たがいにライヴァル同士なわけだし、違いはいくらもあるんだけどね。でも、たとえば、イタリアとかロシアとかフランスとか、ましてやアメリカのピアニストなんかとくらべると、その違いはものすごく大きい。だから俺は、みんな親類だっていうわけ。でも、まあ、親類のなかにも、好きになれない奴はいる。他人以上にガマンのならない親類って、いるだろう。喧嘩ばかりしている兄弟なんかも、そうさ。でも、やっぱり俺たちは兄弟なんだ、ってわけさ。俺たちはみんな、ウィーンという学校で——そう、この病み衰えたウィーンという町で育った者たちなんだ。

ウィーン人「ゴロヴィン」の恋

そして、この病み衰えたウィーンにおいてこそ、「ゴロヴィン」なる人物も登場してくるわけなのさ。ゴロヴィンていうのは、歌手としての俺の偽名ってことになるんだけど、こいつはブラックなメンタリティーを持つウィーン人のタイプなんだ。ヘルムート・クヴァルティンガーやゲオルク・クライスラーの同類なのさ。いや、あらゆるウィーン人のユーモアの系譜に連なるもの、といってもいい。今じゃアンドレ・ヘラーみたいな連中によって、上手く商品化されて、大いに売れている、あのウィーン人のユーモアの系譜さ。このウィーン人のユーモアってのは、それこそ、あの〈愛《いと》しのアウグスティン〉とかペスト記念柱とか、そういったいろんなものにまでさかのぼれるもので、深いメランコリーや自殺気分と、切っても切れない関係にあるんだ。フランツ・シューベルトのことを考えてみてもいいし、あのヨハン・シュトラウスの屈折した陽気さを思い起こしてくれてもいい。「ゴロヴィン」は、このあくまでもネガティヴなメンタリティーの系譜のなかに立っている。俺はこの人物を考え出して、自分自身をこの人物に変身させた。それは、このウィーン的メンタリティーを芸術的につくり出して、そうすることによってそれを克服して、それから逃れるためだったんだ。

俺は、そう、またぞろウィーンで、あのウィーン人のブラックな自殺気分に染まりそうになっていた。だから俺は、自分から意志的な行動に出て、「俺はそんなのはゴメンだ」って言ったんだ。俺は、アル中で死んだり、そうでなくてもロクな死に方をしなかった、あのウィーンの自殺者たちのひとりにはなりたくなかったんだよ。

基本的には、俺はものごとを肯定的に考える人間だけど、ときどきこういう〈ウィーン人のブルース〉気分におそわれることがある。俺はそれを自分のなかから取り出して、そいつをゴロヴィンという人物に作り上げることによって、そこから逃れたわけさ。それにしても、この〈ゴロヴィン〉っていう偽名は、ケッサクだったよ！　三年間は、そいつがだれだか、秘密にしておくことができたんだ。あの頃、どこかのアホな批評家が、さっそくこう書いたもんさ――「ゴロヴィンは大きな発見である。しかし残念なことに、彼はグルダから、受けてしかるべき支持を受けていない！」

ウィーンでジェシー・ノーマンとやったコンサートでは、〈ウィーン人のブルース〉と〈黒人のブルース〉とが、うまくミックスされる結果になった。ポリグラム・レコードのかなりのエライ屋さんのひとりから頼まれて、俺は彼女と、ちょっとばかり面白いことをやったんだ。俺としては、すごく楽しかったよ。ノーマンは、ものすごく大きな女性歌手なんだ。でも、そんなことは、まるっきりどうでもいいことだった。彼女が巨大なヴァイオリニストとか、チェリストとか、その他なんであったとしたって、やっぱり同様に、まるっきりどうでもよかっただろうさ。

でも、ブルク劇場の女優で歌手のマリア・ビルの場合は、どうでもいいってわけにはいかなかった。あれは、ノーマンとのこのコンサートのあとだった。そこで俺は、彼女と知り合って、彼女が好きになったんだ。俺が書いた歌のひとつに、《きみと俺》っていうのがある。「偶然、彼女が俺と同じテーブルに座った。俺は思う、これは神の思召しだ。俺は彼女とデュエットで歌う――「きみと俺」……」ってな歌で、俺のラヴ・ソングさ。この歌には、深い思いがこもっていたんだ。俺たちはなにも、大恋愛をしたわけじゃないけど、いくつかのことを一緒にやって、ついでにスタジオに行って録音もしたわけさ。彼女のほうも、そういうことが好きだったしね。それに、歌と現実のあいだの境目がちょっとばかり曖昧になったようなこの歌は、芸術的に見ても、すごくいいものになったと思っているんだ。

6 〈女性たちとの組曲〉すべては女のためである

■恋の手ほどき

もちろん俺の人生においてだって——同性が好きでもない限りあらゆる芸術家の人生においてそうであるように——女性たちが大きな役割を演じている。俺は十七歳のときに、初めてものすごい成功をおさめて、女性たちから、若きスターとして崇め奉られたんだけど、ひとりのすごく洗練された、ずっと年上の、きわめて魅力的なスイス女性に「手ほどき」してもらった。俺はどういうわけか、よくこういう幸運に恵まれるんだ。

彼女は本当に教養のある女性で、音楽が好きで、自分でも少しは演奏して楽しんだりする人だった。そう、彼女が俺に、ベッドのなかで女性を相手にどうすればいいか、その礼儀作法を、実践によって教えてくれたんだ。そのことを俺は今でも感謝しているし、思い出すたびに、つい悦に入ってニヤニヤしてしまうんだ。最初のうち、俺の振る舞いは、マヌケな若造と変わらなかったけど、だんだん上達して、そのうち、習得した知識を、もっと若い女性のところで試してみないではいられなかった。バカな俺は、自分がそうすることで、この年上の彼女にすごく辛い思いをさせたってことが、わからなかったんだ。そう、思春期の若造なんて、愚かで、無作法で、冷酷で、思いやりがないもんさ。あとになって、いくらか人生について知るようになってから、なんてことをしてしまったんだ、って後悔することになるんだ。

このスイス人の女性は、彼女の教養と高い音楽性と優しい態度で、フランス音楽はもとより、フランス文化全般についての深い理解も、俺に授けてくれた。そのことについても、俺は彼女にすごく感謝している。彼女は、俺という、たまたま音楽の才能には恵まれてはいるものの、ただそれだけの、何も知らない若造に、フランス語が非常に美しい言葉なんだっていうことを教えてくれて、それを正しく使えるように指導してくれた。さらに彼女は、ドビュッシーとかラヴェルとかが、だれとくらべても決してひけをとらない、素晴らしい作曲家なんだってことも教えてくれた。もちろん、フランス料理とフランス・ワインが素晴らしいってことは、すぐに実感させてもらったさ。なにせ案内役がバツグンだったからね。

グルダのヤツがどうして、あのような魔法のような音色と確実さでフランスものを弾けるのか、っていう問いに対する答えも、ここにあるわけさ。ヤツのほうが、フランス人よりも上手いくらいだもん。ヤツはウィーン生まれで、パリ生まれでもなんでもないのにね。

俺の人生と音楽活動――演奏と創作の両方だけど――において、女性たちが何を与えてきたか、彼女たちがどうそれと関わってきたか、っていうのは、すごく面白いテーマだと思う。

俺がごく若い頃から女性たちを利用して、自分のことのために役立ててきた、っていう非難を受けたことがある。まあ、そういうことも多少はあったかもしれない。俺の場合、自分の人生を十年ごとに区切ってみると、それぞれの時期に違った女性と出会っていることがわかる。そりゃあ、いつも、まわりにはいろんな女性たちがいるけど、とことんつき合うことになる女性は、いつだって、その時点での俺にまさにピッタリって感じの女性なんだ。これが女性を利用する、ってことになるのかなあ。俺はそうは思いたくないんだけどね。

スイス人の女性とつき合っていたのと同じ頃、いやそのすぐ後だったかなあ、俺はウィーンで、ひとりの音楽学生と知り合った。アメリカ人の若い娘《こ》だった。俺と同じくらいさ。彼女との恋は、俺にとって、最初のほんものの大恋愛だった。俺たちはハイキングに出かけて、ちょっといちゃついてみたりした。森にも行ったし、しっかり手をつないで歩いて、映画を見に行ったりもした。この年齢とこの時代には、みんなそういうふうにしたんだよ。

彼女にフラれたときのことは、今でもよく覚えているよ。あれは四十年代の終わり頃だった。俺はすぐそのあと、演奏会をやるためにブダペストへ行ったんだけど、失恋の苦しみのために、三八度の熱を出して、ベッドに倒れ込んでしまったよ。でも、演奏会はちゃんとやった。どうやって切り抜けたのか、信じられないよ。なにしろ俺は、どうして彼女が突然俺に絶交宣言をしてきたのか、まるでわからなかったんだからね。彼女はだしぬけに、こう言ったんだ――「もう終わりよ《イッツ・オーヴァー》。終ったのよ《イッツ・フィニッシュト》」。俺はきいた――「どうして？　何があったんだい？　俺が何か、間違ったことでもしたのかい？」。

　今では俺はよくわかる。彼女は、音楽の分野での俺の圧倒的な優位に、耐えられなかったんだ。俺はそのことを深刻に考えてはいなかった。彼女、なかなか上手にピアノを弾くなあ、って思うくらいで、だからどうというわけではなかった。彼女よりうまいとは言わないまでも、彼女と同じくらい上手な音楽学校の女学生は、いくらでもいた。彼女はその後、生まれ故郷のテキサスのヒューストンに帰っていった。十年後、俺はそのヒューストンで彼女に再会したけど、率直に再会を喜び合うってわけにはいかなかった。それからさらに二十年くらいたってから、彼女がまたヨーロッパにやってきたとき、俺は初めて、特別な感情を抜きにして、ありのままの彼女を眺めることができた。ごくふつうの、どちらかといえばあまり面白くない一人の女性としてね。かつて彼女のために、自殺する瀬戸際まで行ったたっていうことが、自分でも信じられなかったよ。

　こういう「恋の苦しみ」にもかかわらず、俺がいつも見事にピアノを弾いていたのは、ようするに、舞台の上では俺はいつもハッピーだったからだ。ピアノを弾くことは、俺にとって楽しくて、気分のいいことだった。それに、五十年代の頃には、幸いなことに、若きピアニストの世話を焼いてくれる女性たちが、ほかにもいろいろいたからね。たとえば、ブラジルの大金持ちの農場経営者を父親にもつ褐色の肌の娘と、もう少しで結婚しそうになったこともあったよ。まあ、結局、そういうことにはならなかったけどね。

■最初の結婚

パオラ・レーヴは、そういう女性たちとは別だった。じっさい俺の場合、ある特定の活動時期を、特定の女性との関連で見ることができるんだ。俺が旅する有名なピアニストだったとき、パオラ・レーヴはまさに俺にピッタリの女性だった。彼女と知り合ったのは、ブエノスアイレスだ。彼女は魅力的で才能豊かな、若い女優だった。彼女は俺のファンだったようで、俺のことを愛してもいたらしい。もっとも、彼女としては、ヨーロッパに行きたいという気持ちもあった。彼女は亡命者だったからね。父親は、かつてのハプスブルク帝国領ガリチアのユダヤ人で、母親は、ボローニャ生まれのすごく情熱的なイタリア女性だった。パオラはトリエステに生まれて、五歳になるまでそこで過ごしたんだけど、ヒットラーのために出国しなくてはならなかった。そして、戦中戦後の年月を、ブエノスアイレスで亡命者として過ごしたんだ。

パオラと初めて会って一年か二年たってから、俺は彼女をヨーロッパへ連れていった。

しばらくすると彼女は、ドイツの映画界に足がかりをつかんで、五十年代には、女優としてかなりの成功も収めた。俺たちはベルリンでハネー・ムーンを過ごして、そのすぐあと結婚した。子供ができちまってた、ってこともあったしね。もちろん、だからどうってことはないんだけど、まあ、女性ってのは、やっぱり結婚したがるものなんだよ。今思えば、俺たちは無理して結婚することはなかったと思う。でも、とにかく彼女が平均以上の音楽的才能の持ち主だってことは、はっきり言える。ピアノもけっこう弾けるし、女優としてもかなりイイ線いってると思うよ。

ただ問題は、俺がめったに一緒にいられないってことだった。なるほど俺たちは、家があって子供たちがいる、いわゆる結婚生活を営んではいた。でも、「腰を落ちつける」っていうか、ひと所にずっと居続けるなんてことは、俺は最初から考えてもいなかった。当時の俺の生活は、ストレスのたまる演奏旅行の連続だった。いちばん長いのでは、アラスカからフエゴ島まで、アメリカ大陸を上から下まで、五カ月かけて駆け抜けるなんていうのもあって、もう、むちゃくちゃだったよ。そして家に帰れば、俺の妻はいつも劇場だし、俺はジャズ・クラブってことになる。俺たちの結婚生活は——ごくたまにちょっと一緒になれるのを除けば——いつもそんなふうだった。俺が目を覚ますと——そう、十二時くらいかなあ。なにしろ、ずっと深夜までジャズ・クラブにいるんだから——彼女のほうはちょうど舞台稽古にでかけたところなんだ。俺が仕事に取りかかろうとすると、晩に舞台があった彼女は、サッサと寝てしまう、ってなぐあいさ。ピアノを練習するのも、思うようにはいかなかった。一緒に夕食をとるっていったって、ゆっくり食べてはいられない。彼女の場合は、たいていすぐそのあとに舞台があるんだからね。舞台が終わる頃、俺は彼女を迎えにいくんだけど、そうすればやっぱり、劇団仲間たちとちょっとどこかで飲み食いする、ってことになるわけさ。

そう、あのいきつけの〈菩提樹《リンデ》〉の店では、いつもおかしかったなあ。ボトルのワインを四分の一か半分飲んだあたりで、十二時になって、俺はソワソワしてくる。すぐにファッティー・ジョージのジャズ・クラブに行かなきゃならないからさ。それで俺が「じゃあ《セルヴ》ナ《ス》」って言うと、彼女のほうは「私、すごく眠いの。もう帰るわ」って言う。それが俺たちの結婚生活なるものだったんだ。まあ、それだって、俺がウィーンにいるときだけなんだけどね。それでも、俺たちはケンカなんかしなかったよ。でも、なんで俺たちは結婚しているんだろう、ってお互いに訊ねてみて、結局、仲良く「それじゃあ、別れよう」ってことになった。もちろん、俺としては、二人の息子のことで胸が痛んださ。でも、どうしようもなかったんだ。

俺は当初から、生涯にわたって自由を拘束される結婚生活は、自分にとってなんのプラスにもならない、っていう気がしていた。婚姻届を出しに役所に行ったとき、すでに、どうやったら、まあそこそこの傷でここから逃れられるか、って自問したくらいさ。スタートの時点で、こうだったんだからね。それを隠そうとしたことだって、一度もない。いつだって俺は女性たちに、気をつけなよ、俺は結婚には向いてないんだから、って言ってきた。でも、そのうちの二人は、どうしてもそれを信じようとしなかった。まあ、今となれば彼女たちだって、俺の言ったことが本当だったたって、思い知っただろうけどね。そのほかの、より分別のある女性たちは、この男はどうしようもない、ってことを見抜いたんだ。なにしろ、こいつは生涯にわたって、自分の音楽と結婚しているんだからね。

■二度目の結婚

最初の妻と別れてから、俺は数年チューリヒに住んでいた。チューリヒは、亡命者たちに好かれた街だ。二人だけ例をあげれば、レーニンとワーグナーが、本国にいられなくなったとき、この街へ行った。つまりチューリヒは、逃避とか心を落ち着けるのに恰好の街なんだ。当時の俺は、とにかくどこかへ行っちまいたかった。でも、あんまり遠いところじゃ困る。それで、チューリヒってことになったわけ。四年のあいだ、俺はチューリヒからほうぼうへ演奏旅行に出かけたんだ。そのなかには、二度の日本行きも含まれていた。そして最初の日本演奏旅行で、俺はユウコと知り合ったんだ。彼女はすごく若かった。二十歳だったよ。俺は三十五。彼女はピアニストへの道をめざしていて、腕前も相当のものだったけど、聴いてビックリ仰天するってほどじゃなかった。だから、彼女のピアノはどうってことなかったんだけど、俺は彼女が好きになってしまった。まったく、性懲りもなく、って感じさ。彼女はそれからヨーロッパへやってきて、俺たちは盛大なハネー・ムーンをする、ってことに相成った。

俺はどこへ行くときも、彼女を連れて行った。一緒だとすごく楽しいし、彼女のことを心から愛していたからさ。でも、俺たちはケンカも絶えなかった。原因はいつも同じだった。彼女は「私だって人間なのよ」って言う。俺はこう言った――「きみは何が欲しいっていうんだい？　素晴らしい家もある。ないものはなにもない。きみのことを愛している夫がいて、素晴らしい子供もいる。音楽の練習だって、好きなだけできる。いったい何が欲しいっていうんだ?」。ひどい言い争いだったよ。「あなたは私を真剣に受けとめてくれない。私をまともに扱ってくれていない。そうよ、真剣じゃないのよ!」。ケンカがひどくなると、人種差別のニュアンスまで加わってきて、それがとりわけ辛かった。まったく、ひどいもんだったよ。とうとう彼女は、「あなただって人種差別主義者の一人よ」って叫んだ。俺たちは、それを言われたら許せないってことを、互いに言い合うところまできてしまったんだ。もう別れるしかなかった。

この頃の俺はちょうどジャズを始めたところで、クラシックの分野ではもっぱらバッハに取り組んでいた。平均律クラヴィーア曲集を全曲暗譜して、もうこれ以上は弾けないと思うまで、何度も繰り返し弾いたもんだよ。演奏会でも弾いたさ。これはすごく勉強になった。

そうこうしているうちに、俺はだれからも一目置かれる、腕の立つ、プロのジャズ・プレイヤーになっていた。ユウコは俺への愛情からか、あるいは俺の影響ってことなのか、とにかく真剣にジャズに取り組むようになっていた。なにしろ日本の女性だからね。真剣になって頑張るとハンパじゃない。ちゃんとレッスンまで受けて、彼女のそれほどではない才能をもってして、最大の成果を上げたんだ。

数年前、俺はフリッツ・パウアーから、ユウコが彼に自分の作曲したものを見せにきたっていう話を聞いた。俺はその彼女の作品ていうのを見て、ぶったまげたよ。素晴らしかったんだ。とても信じられないくらいだった。彼女にとって、それは容易なことじゃなかったと思う。一人の日本女性がドイツで生きる。離婚して、子供もいるんだからね。やっぱりたいしたもんだと思うよ。でも俺には、彼女のこういう力の源泉がどこにあるかがわかる。彼女は俺に見せつけたいんだ――「ねえ、いいこと、グルダ、あなたは私のことを日本のお人形さんかなんかだと思っていたのかもしれないけど、私はそれだけの女じゃない。私だって人間なのよ。個性を備えたひとりの人間なのよ」ってわけさ。俺にしてみれば、自分の妻がいま幸せか不幸せかってことよりも、ソナタのアダージョを見事に弾くことのほうが、ずっと重要なことだったんだ。

最初の結婚のときと違って、俺たちは険悪な状態で別れた。何年ものあいだ絶交状態だった。子供がときどき、そうクリスマスとかイースターのときに、訪ねてくるくらいだった。辛いものがあったよ。今では、そういう関係も多少は修復されている。ユウコは今ウィーンに住んで、レストランを経営しているよ。

■第三の女性

そうこうするうちにも、まあ女性たちとはいろいろあったけど、「継続的に」つき合っていた女性となると、それはアンデルスだった。彼女と知り合ったのは、ザルツブルクでだった。もう何年も前のことだけど、俺はザルツブルク大学の講堂で、自作の曲の演奏会を開いた。共演者は、俺の生徒のひとりのローラント・バティクだった。俺は彼を一人前の音楽家としてデビューさせてやろうと思ったんだ。俺たちが弾いたのは《プレイヤーズとシンガーズのためのコンチェルティーノ》っていう曲で、俺はローラントにこう言った――「いいか、お前はまだ確実に弾けるとはいえない。だから、こうしよう。俺たちはソロのパートを、交代に弾いたり、一緒に弾いたりするんだ。お前のパートを俺は知りつくしている。お前はそれを弾けばいい。お前が危なっかしくなったら、俺は舞台の上をほっつき歩くなり、何かするなりして、いつのまにか連弾している、っていうふうにしてやる。聴衆はみんな、こういうものなんだと思うさ。わかりゃあしないって」。つまり俺は、この演奏会を少しばかりショウ風な趣向にしたのさ。そういうのは俺は得意だからね。

ところで、この演奏会のリハーサルのとき、共演したコーラスのなかに、俺がすごく気に入った女性がいたんだ。演奏会は大成功だった。ローラント・バティクは、悪魔さながらに素晴らしい演奏をしたからね。俺たちはアンコールを弾いて、聴衆はみんな熱狂した。会場は嵐のような喝采でわき返ったよ。俺はもう、ピアノはほったらかしにして、気持ちのおもむくままに、この素敵なコーラスの女性と舞台の上で踊り始めた。ピアノなんか馬鹿ばかしくて弾いてられない、って気分だったよ。聴衆は大声でかけ声をかけるし、それはもう、ものすごい大狂乱って感じだった。その素敵な彼女、つまりウルズラ・アンデルスとの仲は、こういうふうにして始まったんだ。

彼女との関係においては、俺は、それまで女性たちとの関係のなかで重ねてきた失敗を繰り返さないようにしよう、って自分に言い聞かせた。相手を押さえつけたり、ほったらかしにしたり、第二ヴァイオリンみたいな扱いをしたりしちゃいけない。とにかく、相手をお人形さんみたいにあつかうようなことではダメなんだ。だから俺は、第三の本命女性に対しては、俺と対等なパートナーのつもりでいてほしい、って言った。音楽家としての彼女は、以前は北ドイツでオラトリオの歌手をしていた。抜群というわけじゃないけれど、かなり評判のソプラノ歌手だったそうだ。その後、彼女はザルツブルクに住むようになった。彼女の母親は、モーツァルテウムで声楽の教授をしていた人で、父親はあの有名なドイツのテノール歌手ペーター・アンデルスだったんだ。彼女自身もモーツァルテウムで声楽を教えていた。

俺はやがて彼女から、それまでどの女性からも言われたことのなかったことを言われた。彼女はこう言ったんだ――「あなたは私をちゃんと扱ってくれる。でもほかの人たちは私をまともに扱ってくれない。私のことを、もっぱらあなたとの関係においてしか、認めようとしないの。ああ、あれがグルダの新しい女だ、ってわけよ。私がグルダ抜きでどんな人間なのかは、どうでもいいことなのよ。以前の私はそうじゃなかった。たしかに一介の声楽教師にすぎなかったけど、私はフラウ・アンデルスだった。そして私の生徒たちは私を尊敬してくれた。評価するにせよ、しないにせよ、私自身を問題にしてくれたわ。でも今では、私はグルダの付録でしかないのよ！」。

アンデルスとの別れは――彼女は現在ではハンブルクの兄弟のところへ行っている――それは辛い別れだった。二、三年の間は、別れたりヨリを戻したりの連続だった。もうこれっきりだ、ってことになっても、やっぱり完全には別れられない。そんな事の繰り返しで、ケンカも再三だった。ひどいもんだったよ。俺はすごく苦しんだし、彼女もそうだったと思う。俺たちは何度も、俺たちが互いに愛し合っているのに、どういうわけかもう一緒にはやっていけないんだ、ってことを確かめ合って、涙に暮れたもんだった。まったくもう、やりきれなかったよ！

■作品《オープス》・アンデルス

音楽面での成果という点では、アンデルスと過ごした時期は、ものすごく充実していた。この時期に生み出されたものは、すべて、多かれ少なかれ彼女と関連がある。いちばんはっきりしているのは、もちろん《ウルズラのための協奏曲》、それに《作品《オープス》・アンデルス》さ。《ウルズラのための協奏曲》のほうは完全に成功作ということになったけど、《作品《オープス》・アンデルス》のほうは、多くの人たちから完全な失敗作とみなされた。たしかに、これは問題作だよ。《作品《オープス》・アンデルス》は、ウルズラの人生を芸術的に作品化したものなんだ。俺は何年も前に、彼女にこう言った――「さあ、いちどすべてを吐き出してしまえよ。きみのイヤなことを、ぜんぶぼくに話してしまえよ！」。彼女は洗いざらい吐き出したよ。そして俺は、そのあらゆるイヤなことを、音楽の作品にしたんだ。《作品《オープス》・アンデルス》は、まさにそんな作品ナンデルス、ってわけ。それは徹底した自己暴露の作品だから、多くの人にとっては、ほとんど耐え難いものなのかもしれないね。

七十年代のあの頃は、そういうすべてのことが、俺にとって意味のあることだった。それは明日になればまた無意味なことになってしまうかもしれない。でも俺は、だからダメだとは思わないんだ。多くの連中は、《作品《オープス》・アンデルス》のなかの、もっぱらヌード場面だけを攻撃した。この音楽はセックスと関連したものをすごくたくさん含んでいる。徹底した自己暴露なんだから、当然そういう部分もあるわけさ。この女性は、男たちが彼女に押しつけてきたあらゆる指示を放り出して、今こそついに、自分のやりたいこと、本当に喜びを感じることをやるんだ。着ているものを脱ぎ捨てるってことは、まさにそういう解放の一部分なのさ。彼女は最初、無意識のうちにそれをする。そして、我にかえって「私、狂っちゃった！」って言う。まさにこの瞬間、俺がそこへやってきて、木管楽器のクルムホルンを手に取る。それがクルムホルンなのは偶然じゃない。俺もヌードなんだ。そして俺は言う――「俺も狂っちまった。さあ、一緒にプレイしよう」。このヌード場面は、ちょうどあのベルイマン監督の映画『沈黙』みたいに、スキャンダル扱いされて、完全に誤解されてしまった。でもあの場面は、ちゃんと芸術的根拠があるんだ。

この作品のなかで、俺はいろんな役を演じた。ヒロインとかかわりを持った男たちを自分で演じて見せたんだ。まずはヨガの行者、それからドラマー、さらには精神分析医ってわけで、みんなアンデルスの人生において――俺が現われる前に――それぞれの役割を演じた男たちさ。こういうことをしたのには、より深い意味があった。つまり、彼女の「過去の男たち」はみんな、比喩的な意味で、それぞれが俺自身の一部分でもあったんだ。俺はよく、ヨガの行者みたいなことを言ったものさ。「今はそっとしておいてくれ」とか、「瞑想でもしてみるか」とか、「物事の本質を見きわめろ」とか、「静かに座って、何もするな」とかね。そういうときの俺は、まさにヨガの行者なんだ。そして、たとえばだれかが、そう、とりわけ俺が好きなだれかが、悩んでいるのを見て、なんとかして苦境から救い出してやりたいって思うときには、俺はいつも、少しばかり精神分析医みたいになる。そうかと思うと、彼女にこんなことを言ったりもする——「さあ、山に登ろうよ」とか、「さあ、一緒にベッドへ行こう」とか、「さあ、とことん飲もう」とか、「ふざけちゃおうよ」とか、「心配なんかするなって」ってなこと。そういうときの俺は、ちょっとばかりドラマーってな感じさ。いわば彼女の〈単純坊や〉ってとこで、彼女はそういう俺の一面を喜んでいたんだ。そのほか、俺はもちろん、自惚れ屋で、バカで、鼻持ちならない、傲慢な指揮者としての一面もあったし、愚鈍な声楽教師でもあった。

つまり俺が言いたいのは、こういう人物像のどれもが、俺という人間の一部分でもあるってことなんだ。彼女が俺のところへやってきたのも、結局のところ、それが理由だったのさ。いわば俺は、彼女の男性経験の総和ってわけだ。俺としては、この作品全体にすごく満足している。アンデルスとの最後のコンサートでは、俺たちはこの曲を本物の大成功へもっていくことができた。これはうれしかったね。

■私自身のためのコンチェルト

《私自身のためのコンチェルト》は、俺にとって離別の作品と言えるかもしれない。ウルズラとの離別は二、三年かかったんだけど、ひどく辛いものだった。でも俺は、そのひどい苦しみをシャカリキになって作品にすることによって、乗りこえたんだ。その後何度もこの曲を聴いたけど、聴くたびに、少しずつ心の痛みが薄れていく気がした。俺は、そう、苦しみを芸術作品につくり変えたのさ。この曲のフィナーレは、完全に肯定的な、輝かしい響きを持っている。そこにはすでに、悲劇の克服が表現されているんだ。そのいきさつについて話すことにしよう。

じつは俺は、二日間というもの、大ピンチだったんだ。このコンチェルトの表紙のタイトルを書き換えることまでしたくらいさ。《オープン・エンド・コンチェルト》ということにしたかった。第三楽章に、自由なカデンツァがあるだろう。限りないものに向かって音を紡いでいく、っていうふうなところ。そうすることで、解決というか解答というか、ようするに終結を回避しながら、自分自身にこれが解決なんだって言い聞かせる、そういうふうになっているんだ。俺はこう考えた――「とにかくバリバリ即興で弾きまくるんだ。オーケストラは、あとからなんとかうまく収まりをつけてくれるさ。何も目論見を持つな。オープン・エンドでいこう」ってね。二晩か三晩、眠れない夜が続いた。ところがどっこい、やってみたら、できたんだ。効果的な終結の仕方が見つかったからじゃない。ようするに、俺はこの危機を克服してしまったんだ。この曲のレコードがあって、時折聴くことがあるけど、いちばんよく聴くのはフィナーレだ。全曲のなかで、フィナーレがいちばん出来がいいし、どこまでも前進していく感じがあるからね。そういうふうにして、俺はアンデルスとのあらゆることがらを、最終的に克服したんだ。彼女のほうでも、そうすることができたんじゃないかと思うよ。

新聞の批評には、当時、「グルダはその都度あらたに違った女性と組む」とかなんとか書かれた。それは、まあしょうがないけど、言い過ぎってものさ。でも、俺にとって苦難の年月だったこの時期に、次々と俺の前に女性が現われたことは事実だし、長くは続かなかったものの、みんなそれぞれに何かしら俺にとって重要な意味を持ったっていうことも、確かなんだ。あるときなんか、一人の女性にしばらくの間ゾッコン惚れ込んじゃって、「もう俺、ショパンしか弾かないからね」なんて言ったりしたくらいさ。

あれは、そう、二年くらい前だった。彼女は気性の激しい、黒髪の若い娘《こ》で、すごく陽気なタイプだった。彼女自身が語ったところによると、学生時代には、かなり奔放な生活をしていたらしい。ハンガリー出身の若いピアニストが二人いるだろう。ひとりはラーンキ、もうひとりはコチシュ。なんでも彼女は、彼らとすごく楽しんだそうなんだ。俺がリータに（彼女の名前さ）、「おい、きみがよろしくやったのは、ラーンキなのかい、それともコチシュなのかい？」って訊いたことがあるけど、彼女、「両方よ」って答えたっけ。ま、とにかく、俺たちも大いに楽しんだわけだ。彼女は、俺をものすごく鼓舞してくれた。でも、もちろんシンドイこともあったさ。俺がムッとさせられることもよくあった。なにしろ俺は、彼女にとって何人目の男なのかもわかんないんだからね。もちろん、彼女のほうがカチンとくることも、しょっちゅうだったろうさ。そんなことの繰り返しで、大喧嘩になって食器が飛び交うなんてこともあった。彼女はすごく才能がある女性で、好きな作曲家はベートーヴェンだった。俺としちゃあ、よしてくれよ、って言いたいよ。俺は彼女に言った——「いいかい、俺はきみになんでも教えてあげる。でもベートーヴェンだけは絶対にダメだ」ってね。彼女はハンガリー出身で、意外とロマンティックなところのある女の子だった。俺はすぐに、彼女に対してロマンティックに振る舞った。優しく求愛して、彼女のお望みのもの、つまりエレガントなスター・ピアニストになろうとしたんだ。それは、まるで俺のガラじゃないけど、彼女のために、その役どころを演じたんだ。しかも、ご承知の通り、けっしてヘタにではなく、さ。俺は突然、ルービンシュタイン氏やポゴレリッチ氏がはじめからそうだったようなショパン弾きに、変身してしまったんだ。

■フリー・セックスという理想

じっさい、女性が芸術家に与える影響の大きなことといったら、これはスゴイものがある。おそらく、男が行なうあらゆることは、すべて女のためである、とさえ言ってもいいんじゃないかなあ。男の人生のなかで最初の最も重要な女性である母親に始まって、死ぬまでに知り合うあらゆる女性たちのために、男はあらゆることをするんだよ。

恰好の例を挙げようか。俺はもちろん、あのリンペ・フクスにも気に入られようとしたよ。ところが、これが全然思うようにいかなかったんだ。なぜなのかは、よくわからなかった。彼女は俺に対して無口で、冷淡で、バカにしたような態度だった。とにかく、取りつくしまがない、って感じだったんだ。挨拶さえしなかったんだからね。彼女の音楽性には大いに関心があったけど、俺はそのことですごく頭にきた。彼女は普通の意味での美人じゃなかったし、結婚もしていて、二人の子供もいた。俺は、なんとかして、彼女が俺に対して愛想がよくなるようにさせたい、って思うようになった。

一緒に音楽をやっているときは、すべては言うことなしだった。ただ彼女は、いつもすごく謎めいた様子で、面と向かって話しにくい感じがあった。いつも後ろに身を引いていて、食事の支度をしなくちゃとか、うちに帰らなくちゃとか、子供がいるから、っていうようなことを言っていた。だから、なかなか彼女と話すことができなかったんだ。彼女にとっては、こういう音楽なんかするよりも、もっと別のあらゆることのほうが、ずっと大事なんじゃないか、って思うことがよくあったよ。もしそうなら、音楽家としての俺のことなんかなんとも思ってない、ってことになる。でも俺は、それにもかかわらず、彼女に対して御機嫌取りを始めたんだ。俺が彼女を好きだってことを、わからせようとした。ちょっとしたプレゼントで驚かせたりもして、とにかく、彼女への俺の関心が単に音楽だけのことにとどまらないってことを、なんとかわかってもらおうとした。そうしてみたら、彼女、とっつきが悪いなんてことは全然なかったんだ。

ある日のこと、いや、もっと正確には、ある晩のこと、俺たちはそうなった。そうなるにあたって、後ろめたい気持ちはまったくなかった。だれもがふだんから、そうなるのがまったく自然だって言っていたからね。俺を受け入れる気があるってことを、彼女のほうが俺に教えてくれたんだ。これはスゴイことだったよ。とはいっても、それは、突如燃え上がる恋の炎、ってなもんじゃなかった。むしろ、醒めた恋愛っていうのか、ほとんどそっけないような愛情だった。俺たちの関係は、それまでとまったく変わることなく、同じように続いたんだから。

彼女の夫のパウルは、そのことを知っていたけど、眉ひとつ動かさずに平然としていた。俺はその後、このフクス夫妻との音楽活動に終止符を打つことになったわけだけど、俺がパウルの妻と寝たことが、その原因になったのかどうか、それは俺にはわからない。あの時代は、そう、だれもが、嫉妬なんていうような低級な感情は克服しようとした、そんな時代だったんだ。それでたぶん、パウルもそうしようと努力した。でも、やっぱりどこかで克服できないものがあったんだろうと思う。いずれにしても、俺たちは、そのことについて一度も口に出して語ったことはなかった。

俺は自分の人生のなかで、後にも先にも、リンペ・フクスほど解放された女性というのには出会ったことがなかった。彼女の夫が第二ヴァイオリンを受け持っていたかどうかは知らないけど、とにかく彼らは、例の理想をめざしていたんだ——そう、多くの人々がめざしている、あのとても重要だとみなされている、真の男女同権っていう理想をね。

俺が、フリー・ミュージックにおいてと同様、フリー・セックスにおいても挫折したのかしなかったのか、なんてことは、そう簡単に言ってもらいたくないね。本来考えられていたようなフリー・セックスなんて、無理な話さ。でもそれは、あらゆる芸術の重要な一部分なんであって、一度それを体験してみると、音楽や人間や人生のことがずっとよくわかるようになるんだ。

音楽と恋愛

恋愛とか官能とかセックスとかは、俺にとってすごく重要なものだ。しかも不思議なことに、歳をとればとるほど、ますますそうなんだ。俺が心から尊敬するデューク・エリントンは、『音楽は私の情婦だ』っていうタイトルの本を書いている。俺はまあ、自分の人生についての本を、そういう色っぽいタイトルにしようとは思わないけど、俺の場合も、たしかにそういうところがある。音楽は理想的な女なんだ。音楽と一緒だと、母親の傍らにいるみたいに、守られている気がする。音楽は、誠実で善良な妻のように信頼がおける。そして音楽は、最高にイカした恋人みたいにエキサイティングなんだ。そう、刺激と驚きに満ちていて、いつも新鮮で、けっして退屈することがない。

もちろん、偉大な音楽家たちのなかには例外もいて、バッハなんかは、幸福な結婚生活を送ったらしい。でも俺自身、そしてほかの音楽家たちもたいていは、女のことで苦労している。やっぱり、俺たちは女が好きだってことだろうね。男だって好きになるさ。べつに性的な意味でじゃないけどね。俺がチック・コリアと共演したときは、まさに一目惚れって感じだった。俺たちは互いにそんなに話したわけじゃなくて、ただ何時間も一緒に演奏しただけだった。でもあれは、そう、愛だった。俺たちは、どちらもまるっきりそっちの気はないけどね。コリアは、俺に言わせれば、ゲイル・モランっていう名の妖精の女王様を連れたいたずら好きの妖精の王様、ってところだ。コリアはあるコンサートのとき、突然彼女に歌手として歌うように掛け合って、こう言った――「第二部ではきみが歌うんだ。伴奏はぼくがやるから」。それを聴いて、俺はすぐにこう言った――「そういうことなら、それに続けて、俺がきみの女房の伴奏をする」。そんなわけで、そういう段取りでリハーサルをしながら、俺は彼女の肩に腕をかけて、こう訊いた――「ぼくがきみを愛しているってこと、知ってるの？」「知るはずないでしょ。あなた、それをまだ私に言ってくれたことないもの」。もう、最高の気分さ！　それから、彼女がそもそも何を歌えばいいか、ってことになったとき、俺は彼女にこう言った――「まかせときなって。俺は世界中で一番いい耳を持っている。そしてきみは音感がいい。なんでも好きなものを歌えばいいさ。おれはちゃんとどこまでもフォローするから」。本番のステージは大成功だった。これが俺のモランへの愛ってわけさ。そして、それはまた、コリアへの愛でもあったんだ。

俺の場合、女性との本当の関係ということになると、その女性のすべてとかかわり合うということでしか、考えられない。俺には今、新しいパートナーがいるけど、彼女との仲は、これから果たしてどうなっていくのかなあ。彼女は演劇学の博士《ドクター》なんだ。ちなみに、俺は彼女の卒業論文に目を通してあげたこともある。最初に彼女と会ったのは、ウィーンのコンツェルトハウスでだった。俺はそこで、ちょっとしたことで別のある女性と言い争いをして、それからモーツァルト・ホールに練習しに行った。少ししてだれかが入ってきたとき、俺は、またあの女が文句を言いにきたのかと思った。まったく、落ち着いて練習もさせてもらえないんだから、ってウンザリだった。ところが入ってきたのは、若い女学生だったんだ。俺はごく無意識のうちに、なんの意図もなしにこう言った――「あなたがいらしてくださって、ぼくは嬉しい。てっきり、ぼくがさっきケンカした別の女性だと思ったんだ。ようこそ」。そんなふうにして、俺たちは話し始めた。俺はそれからまたピアノを弾き続けて、彼女はすごく熱心に聴いてくれた。あのとき、彼女はまだ三十にもなっていなくて、そこで女性秘書としてアルバイトをしていたんだ。だから、たまたまコンツェルトハウスにいて、だれが弾いているんだろうって、覗きにきたわけだったのさ。

その後になってわかったんだけど、彼女はまさに然るべきときに俺の前に現われたんだ。まあ、やっかいなことはたくさんあったし、さんざんケンカもしたけど、俺たちはなんとか続いていて、もうほとんど三年にもなるよ。

彼女には音楽の才能がない、って陰口を言うやつが多いけど、かならずしもそうは言えない。彼女は知性があって、芸術的にもすごく繊細な感受性を持っているから、そういうものによって、どうにかちゃんと、埋め合わせができてしまう。つまり彼女は、良い音楽と良くない音楽との区別がちゃんとできるんだ。音感がよくないのに、なぜそういうことができるのか、俺にはよくわからない。たしかにそれは、俺にとって謎ではある。彼女といつも一緒にいて、俺はいったい何をするんだろう、何を話すんだろう、って自問したことは、もちろんあるさ。俺の生活の主要な事がらは、彼女にとっては、まあどちらかというと疎遠なことなわけだからね。でも、彼女にはものすごく豊かなファンタジーがある。だから退屈もケンカもせずにすむ。そう、互いに相手を補完し合うことができるんだ。なにせ、こと女性関係においては、これまで何度も悲しい結末を迎えてしまった、傷だらけの過去を持つ俺のことだから、彼女には繰り返しこう警告したよ――「いいかい、言っとくけど、俺って男は、これまで女性たちをさんざん不幸にしてきた、ろくでもない奴なんだぜ。それを忘れないでくれよな」。この場を借りて、俺は彼女に称賛の言葉を捧げたいと思う。そして、彼女が俺のこの度重なる警告にもビビらないでくれたことを、すごく嬉しく思うって、伝えたいと思うよ。

7 〈革命〉——七十年代への前奏曲

■一九六八年革命

一九六八年といえば、俺は三十八歳だった。反乱に立ち上がった若者たちから見れば、もうとっくにオジイチャンってとこさ。パリやベルリン、それにミュンヘンでの最初の騒動のことを聞いたとき、俺はちょうどチューリヒにいた。とうとうやってくれたか、って思ったね。「こいつはありがたい！　ついに、ついに、何かが動き出す。どうして、もっと早くしなかったんだ」って思ったよ。最初のうち、それは俺にとって、かならずしも政治的な意味を持つものじゃなかった。全然そうじゃない。俺はただ、こう思っただけだった——「こりゃあ、ありがたい。とうとう彼らは強硬な手段に出たか。これでようやく、あのド・ゴールだの、アデナウアーだのといった、上のほうにいる耄碌オヤジたちも、少しは恐れってものを知るだろう」ってね。うれしくなるようなスローガンが、そりゃあもう、いっぱいあったよ。「反動教授追放！」とか「積年の腐敗追及！」とかね。俺は「こいつはスゴイ！」と思ったよ。世界中で同じような反乱が起こったんだ。そしてそれは、いろいろないいことを、長期にわたってたくさんもたらした。俺たちは、こんにちに至るまで、おおいにそのおかげを蒙っているし、じっさいそれは世界を大きく変えたんだ。

しかし、革命ってものはだいたいそうだけど、あの六八年の革命の場合も、目標から逸脱する結果になってしまった。結局最後は、ある者たちは機関銃と爆弾がなくてはダメだと言いだして、テロリズムに走った。またある者たちは、「結局我われは何も達成できなかった。我われは田舎に行って、好きなように生きる。政治的野心は捨てて、孤立のなかで自分たちだけのために生きるんだ」ってことになった。そして第三のグループは、また体制側の世界に戻っていった。「こりゃあ、ダメだ。どうしようもない。それに今となっちゃあ、ビールも飲みたいし、月給三〇〇〇マルクは欲しいからね」なんて言いながらさ。いい加減なヤツらだよ。「WDR（西ドイツ放送）にでも行くかなあ。あそこならなんとか採ってもらえそうだし。それとも、別のあの会社にしようか」てなもんさ。大部分は日和見の連中だったんだ。思うようにならないのなら、このシステムを自分たちのためにせいぜい利用して、せめてカネでも儲けよう、ってんだから、シニシズムの最たるものさ。

もっとも、そういう彼らを非難することだって、できやしないんだ。なにしろ、赤軍のメンバーになるにしても、田舎のコミューンで隔絶した生活をするにしても（言っとくけど、これはどちらも間違っているんだぜ）、とにかく首尾一貫した行動をとるのは、ものすごい精神力を必要とすることで、それができる人間なんて、めったにいるもんじゃないからさ。たいていの人間は、そんな強い性格を持っちゃいない。みんな臆病で、オポチュニストなんだ。だからあの運動は、結局ああいう終わり方をした。もちろん俺だって、なぜああいう行動に至ったのかはわかる。どんな熟考の末に、どんな論理によって、「機関銃を使うしかないんだ」ってところまで行ったのか、理解はできる。俺だってバカじゃないからね。でも、理解できるってことと、支持するってことは、別なんだ。

音楽の分野では、あの六八年は俺に満足をもたらしてくれた。あれ以来、純粋主義的な狭い意味でのジャズっていうようなことは、もうあまり言われなくなった。あれはロック・ミュージックの始まりだった。ビートルズとか、サンタナとかの始まりさ。ピンク・フロイドやエマーソン・レイク&パーマー、その他もろもろのグループの始まりだった。始めのころのロック・ミュージックには、ジャズの要素がたくさん取り入れられていた。この二つの音楽の基本は、本来同じひとつのものなんだ。認めたがらない連中が多いけど、それは本当さ。ウソじゃない。そしてそのメッセージはこうだった――「お偉方や教師たちは、俺たちを無視するかもしれないけど、俺たちジャズ・ミュージシャンやロック・ミュージシャンは、少なくとも俺たち自身のことをたいしたもんだと思ってる。俺たちはもう、「私はしがないジャズ・ミュージシャンにすぎません」なんていう言い方はしない。「どこそこの地下クラブにたむろするのがせいぜいです。へたくそで、貧乏で、何もできないですから」ってなふうに卑下することは、もうしない。それがなんだってんだ。自分が抑圧されているのに、抑圧者の哲学を担ぐことはないんだ」。六八年の連中は、ごく単純に「ブラック・イズ・ビューティフル」って言ったんだ。「俺たちの音楽があんたたちの気に入らないなら、サッサとどっかへ行ってくれ。俺たちはこれが好きなんだ。この音楽はすごくいいと思う。少なくともあんたたちの音楽と同じくらいにはいいと思うんだ」っていうことさ。

■コミューンで

性の解放ということも、六八年のもう一つの側面だった。俺は若い頃、凍てつくように寒いアパートの入口とか、人目につかない車の後部座席とかで、いつもコソコソ、女の子とあれこれしなきゃならなかった。だから、あのスウェーデンのニュースを聞いたときは、心底うれしかったね。ほら、あっただろう、石頭の両親が、息子に、ガールフレンドを家に連れてくるな、って言ったら、裁判所がその両親の要求を法律で禁止した、っていう話さ。私生活に不当な干渉をしてはならない、ってこと。それが六八年の性革命だったんだ。

こういう「解放の試み」は、多くの人々の場合、ドラッグと結びついていた。俺自身、何度か、ちょっとばかりマリファナを吸ったことがある。でも、ヘヴィーなドラッグは、一度もやったことはない。クスリによるハイな感覚ってのは、全然味わったことがないんだ。だから俺の場合、ドラッグ経験があるとはいっても、ごくわずかなものさ。俺にはとくに劣等感もないし、自信喪失なんてこともないから、薬物に手を出さなきゃならない理由がないんだ。

俺がしばらくのあいだ暮らした田舎のコミューンでは、「ジョイント」といって、マリファナのまわし飲みをすることがあった。あれはすごくよかった。リラックスしてハッピーな気分になるんだ。俺にとってジョイントは、最高の睡眠薬だった。ジョイントのあとでは、それこそグッスリ、夢も見ずに、朝まで眠ることができた。あれくらい熟睡できたことは、ほかにはほとんどないと思うよ。

でも、多くの人々がドラッグで身を滅ぼした。俺の周辺にもいたよ。みんなヘロインをやっていたんだ。それはもう、気の毒なものだったさ。それにしても、あのチェット・ベイカーがクスリで自滅したことを知らされたときは、まったくやりきれない思いだった。あのバド・パウエルも、チャーリー・パーカーも、みんなそうだったんだ。俺は彼らの音楽を素晴らしいと思っていたけど、そういうバカらしいことまで真似しようとは思わなかった。

田舎のコミューンでの生活は、そのすべてが意義深いものだった。そう、自分で編んだセーターとか、自分たちで建てた家とか、自分たちで生産した食べ物とか、有機栽培とか、そういったことさ。今じゃあ、自然食の穀物パンなんか、インペリアル・ホテルにだってそれらしきシロモノがあるけどね。でもあの頃は、すべてがものすごく真剣で、新しくて、まさに刺激的なことだったんだ。だから俺はあの運動に参加した。あの運動は、六八年に打ち出された思想を、論理的に、しかも非暴力で継承したものだったんだ。

俺はいつも、やる以上はトコトンやる、っていう主義だ。これは親父から教わったことで、親父はいつもこう言っていた――「やらなくちゃならないことは、やれ。でもやるからには、きちんと最後までやり抜くんだ」。もちろん、それはだれにでもできることじゃない。それは先駆者にしかできないことで、大多数の人々にとって、それが手本としての意味を持つ。大衆にとっては、自分たちと違う人間がいるってことが、心の負担になる。自分たちの先を行く人間に対して、ひけ目のようなものを感ずるんだ。大衆は、自分たちが本当は何をすべきかわかっているし、また、非常に大局的な意味でならできるんだけど、やらない。それを、ひとにぎりの人間は敢えてやってしまう。だから、そういう人間は、大衆にとっては、つねに気を重くさせられる警告なわけで、そういう存在はどこかへ押しやってしまいたいわけさ。そいつがまだ生きている間は、さんざん意地悪をしておいて、死んだとなると、後ろめたい気持ちがあるから、「敬意を表する」ような振る舞いをして、罪の意識を追い払おうとする。記念碑を建てるとか、もっと大掛かりな場合は、教会を建てるとかしてね。まずは殺してから、それから、死んだとなると教会を建てるわけだけど、どちらも目的は同じさ。つまり、そいつを厄介払いするんだ。キリストは生前、人々を戒めて、「汝の隣人を、おのれと等しく愛さなくてはいけない」とかなんとか、いろいろなことを言った。それから人々は彼を処刑して、こう言った——「この男の死後もその後継者たちを締め出すには、どうしたらいいだろう。ああ、そうだ。こいつのために、記念碑でも教会でも、なんでもいいから建立することにしよう」。これこそまさに、排除のメカニズムってわけさ。警告は押しのけられてしまうんだ。

8 〈変容〉

八十年代での新たなる「肯定」

■批評家のたわごと

俺がたとえば、あの批評家界の法王っていった感じのヨアヒム・カイザーを槍玉に上げるのは、彼が一応のレベルを持った批評家だと思うからなんだ。カイザー氏とか、それからニューヨークのショーンバーグ氏とかが、くだらない新聞の有象無象の批評家たちとはレベルが違うってことくらい、むろん俺にだってわかる。でも、だからといって、狭いゲットーみたいなところから出ようとしない批評家たちに対する俺の批判は、少しも変わることはないんだ。カイザー氏のような批評家が、知性と感性と流麗な文章によって、彼らの限られた世界の様子を描いてみせたところで、俺に言わせれば、何にもなりゃあしないのさ。ヨーロッパ文化をアフロ・アメリカ文化と隔絶することが、まるで神が決めた自明の事柄かなんかのように思っているようだけど、それじゃダメなんだ。レベルの低い批評家と高い批評家の微妙な違いは、俺だってわかるさ。でも肝心な点、つまり今世紀の最も重要な音楽上の出来事を無視しているっていう点では、どちらも批判されて然るべきなんだ。批評家界の法王を自認する少数者と、彼らの後ろにいるその他大勢の下級聖職者といったところの日雇い批評家たちのおそるべき影響のために、こういうようなことになってしまっているんだよ。グルダがすること、グルダの生き方、グルダが支持するもの——ようするにグルダという存在のすべてが、連中にとってきわめて危険なものに思われるのは、無理もないことなのさ。なにしろグルダの奴ときたら、厚かましくも、彼らが聴衆にこれが「現代音楽」だといって年中押しつけようとしているものについて、あんなものは「現代」でもなければ「音楽」でもない、なんて平気で言うばかりか、そういう立場を少しも隠そうとせずに、絶えず大っぴらに批判してるんだからね。

でも聴衆だって、そういつも騙されてばかりいるわけじゃない。楽しさとか喜びとか自発性ってものは、なにも道化役者の専売特許じゃないんだし、舞台の上での大げさな悪戦苦闘や、上席の客たちのしかめ面や、翌々日の新聞での何段もの紙面を無駄にしての一見知的に見せかけた長広舌だけが、真の芸術音楽としての価値を保証する、なんてことはないってのは、やっぱりわかるんだからね。もし聴衆が、あの連中のいう前衛音楽なるものの正体を認識したら、そりゃあアホらしくなるさ。あれは、なんとも悲しい、気の毒なグループの人たちで、彼らは今世紀の最も重要な音楽上の発展を、まるで知らずに寝過ごしてしまったんだ。

何年ものあいだ多方面のひどい無理解のなかでやり続けるっていうのは、そりゃあもちろん、容易なことじゃない。俺に対して、多くの人々が異議を表明してきた。俺の演奏会でもいろいろな形で反感が表明されることもあったし、そもそも演奏会に来ないとか、途中で退場する人々も多かった。知的な表明もあれば、そうでないものもあった。いずれにしても、今思えば、それはそれで正しかったんだ。彼らの立場や考え方は、もっともなものだったんだと思う。俺たちが、あるいは俺がやろうとしたことは――とりわけ七十年代にやろうとしたことは、結局のところ、うまくいかなかったんだから。でも俺は、一瞬たりとも、それを後悔しようとは思わない。この七十年代の十年間は、すごく重要な、かけがえのない経験をもたらしてくれたからね。俺が「それはうまくいかなかった」って言う、その判断は、この経験があって初めて、重みを持つものになるんだ。

もしだれか、新しいものはまるで認めない永遠の保守主義者とか、そういうバカなやつが俺のところへやってきて、「だから言っただろう。あんなものは無に等しいのさ」とかなんとか言うなら、そいつはちっぽけなナチ野郎にすぎない。何かをトコトン最後まで貫き通し、味わい尽くし、徹底的に経験し、考え抜いたうえで、「やっぱりこれはダメだ」って言うのとは、まったく重みが違うんだよ。

もちろん、こういうどうしようもない尻野穴男たちは、俺に対して、「我われの地位を脅かしていいのか？」とか、「我われの仕事の邪魔をするつもりか？」とかなんとか言う。

「我われが行なっている白人支配層の音楽と劣等黒人音楽との区別、つまり〈芸術音楽〉と〈娯楽音楽〉とのあいだの神聖にして犯すべからざる区別を批判して、そのウラをかくつもりか?」ってわけさ。俺に言わせれば、そんな区別はナンセンスなんであって、世界中で行なわれているこのテの音楽上のアパルトヘイト政策は、現実のアパルトヘイト政策と同様、まったく不当で、きわめて不道徳で、汚らしいものなんだ。連中にしてみれば、グルダがクラシックの演奏会で燕尾服を着ないとか、自作のシャンソンを歌うとか、ジャズをやるとか、即興演奏をするとか、それどころか聴衆と語り合ったりすることが、不愉快なんだ。「我われの社会的なランクやステイタスをあやうくしていいのか? 我われの音楽政策上の、文化政策上の秩序を混乱させていいのか?」ってわけさ。

俺に言わせれば、デューク・エリントンはピエール・ブーレーズよりベターな作曲家なんだ。マイケル・ジャクソンは、たとえばルネ・コロなんかより、よっぽどいい歌手だし、キース・ジャレットはウラディーミル・ホロヴィッツよりずっと重要なピアニストさ。そういうことを言う俺が、連中には許せない。彼らの考えでは、調性音楽はもう何十年も前に役割を終えたはずなのに、グルダのやつがまだ決してそれは終わってはいないということを、言葉と実行の両面で表明するのが、許せないんだ。

そう、グルダはとうてい許しておけない。ヤツは危険だ。無害にする必要がある。でも、どうやって? 正面攻撃はマズイ。直接派手に酷評するわけにはいかない。なにしろ実力のあるヤツだから、ヘタなことをすると見識を疑われる。となれば、こうするのがいい――グルダの音楽は楽しめる、って言って褒めちぎるんだ。最高のエンターテイナーだ、って絶賛すればいい。そうすれば、いつもながらの称賛のトーンのなかで、心温まる音楽的ユーモアと、ある種の人々がやっているような冷やかで身も蓋もないオフザケとのあいだの、区別がつかなくなる。パロディーとかアイロニーとかジョークとか、そういった言葉でせいぜい持ち上げて、たしかに《アリア》とか《ウルズラのための協奏曲》の第二楽章とかはなかなかいい曲だ、でももちろん、それはパロディスティックなアイロニーとしてのみいいんだ、っていうふうにする。我われがこの才気溢れる道化者を、一秒たりとも本気で相手にはしていない、ってことはおのずと明らかになる、って寸法さ。

俺は、フランスの哲学者のグルックスマン氏の著作を読むことを、ぜひお勧めしたいね。彼には『思想の巨匠たち（*Die Meisterdenker*）』っていう本があって、そこで彼は、フランス哲学特有の鋭い思考のスタイルで、批判的学説を展開している。その要点はというと、「人間は自由だ」という命題が、かえって人間をまったく不自由にしてしまう、っていう逆説的事情なんだ。この「人間の自由」という考えが、絶対的自由という思考システムをもたらして、それが恣意に姿を変える。そうすると、たちまちのうちに崩壊に至る、っていうことなんだ。

八十年代での修復

俺は、グルックスマン氏みたいな精密な学説の形でではないけど、音楽家の本能みたいなもので、同じようなことを感じていた。そして、彼の本を読んで、そうだ、まさにそうなんだ、って思った。それがきっかけで、《チェロ協奏曲》、《ウルズラのための協奏曲》、《私自身のための協奏曲》という、俺の三つの重要な作品が生まれた。この三作は、どれも八十年代の大掛かりな作品で、ラディカルな自由――あるいは恣意と言ってもいいかもしれない――という考えでは何もできない、っていう確信を表現したものだった。もちろん自由は、あるにはある。でもそれはあくまでも、より大きな全体の中でのひとつの構成要素としての自由なんであって、その全体というのは、法則や規則というものをよく知っているんだ。

俺は感激をもって、仲間たちと一緒に、全面的自由をめざして飛び出した。でも、それが唯我独尊に陥る危険が見えてきたところで、「もうここまでだ、あとはもう一歩も進んじゃダメだ」って思って、ただちにオリた。そして八十年代には修復へと引き返したんだ。

もちろんそれを、新保守主義とか右傾化っていうような標語でくくることもできるかもしれないさ。いずれにしても俺は、八十年代を特徴づけるこの新しい雰囲気に合わせるように努力した。七十年代には、俺たちはまだ何かを信じていた。何かに肩入れしていた。

でも八十年代になると、それは放棄されて、保守派が再び優位になったんだ。

七十年代には聴衆との関係はとても困難なものがあったけど、それにひきかえ現在では、聴衆は俺の活動を喜んで受け入れてくれている。肝心なことは、今の俺の活動に対して、新保守主義だのなんだのっていう非難をするわけにいかない、っていうことだと思う。俺の活動は、そういうものよりもっと上を行っているんだからね。ネガティヴなものだけを表現するんじゃ、俺にとっては十分じゃない。芸術家は、その先に進まなくちゃいけない。芸術家の良心ってものが、やっぱりなくちゃいけない。神々しいものをとらえて、表現することが大事なんだ。無秩序はパラダイスじゃない。規則なしにはやっていけない。人間には何かこう、普遍妥当な基準が必要なんだ。何が正しくて何が間違っているか、何が良くて何が悪いかってことを、知らないではいられないのが人間なんだ。

〈フリー・ミュージック〉は一つの美しいユートピアなのさ。あのシェーンベルクも、そこから出発したんだよ。音楽はあらゆる規則から解放された。でも、なんでも自由ということがカオスに終わることを望まないのなら、新しいシステムを導入しなくちゃならない。そのシステム――政治的なものであれ芸術的なものであれ――が人間によって考え出されたものであっても、そうしたカオスを回避するのに、必ずしもふさわしくないというわけではないと思う。俺は、人々に、何か支えになるもの、心から気持ちよく感じられるもの、「そうだ」と肯定できるもの、心底から感謝できるものを手渡さなくてはいけないと思う。

あの〈ムジカンテンシュタードゥル（楽師達の納屋）〉っていうテレビ番組も、ひょっとするとそれができるかもしれない。でも、俺の「新保守主義的」作品の数々と、あそこの作品との違いがどこにあるかといえば、俺の音楽においては聴衆を考慮した打算とか、ウケ狙いということがまったくない、っていう点なんだ。俺は成功しようと思って作品を書いたりはしない。そんなことはどうでもいいんだ。正直なところ、俺にとって、八十年代のこの成功は、七十年代の失敗と同様、どうだっていいことなんだよ。

八十年代に入ってからの俺の音楽に対して、人々がこんなにも喜んでくれたのは、それが何かを信じること、幸せになることに通じるもので、俺自身がこの転換を自ら成し遂げたからなんだと思う。そうでなくちゃ、ああいう作品は書けなかっただろうさ。俺が書いたものは、たんに面白いとか楽しめる——〈ムジカンテンシュタードゥル〉の音楽もその点は同じといっていいと思う——っていうだけじゃなくて、なによりもそれは真実なものなんだ。〈ムジカンテンシュタードゥル〉はそうじゃない。その点が俺との違いさ。俺は自分の音楽でウソは言わない。それでも、カネはたくさん入ってくる。テレビで放映もされて、人気は上々だからね。でも、なにもそのことを恥ずかしがる必要なんてないと思っているさ。

スローガンはみんなそうだけど、〈ムジカンテンシュタードゥル〉っていう言葉も、どこかあぶないものを持っている。俺は、〈ムジカンテンシュタードゥル〉に対する自称文化的上流階級の側からの嘲笑と拒否の大合唱に、一緒になって加わるつもりはない。たしかに、あそこで、独特の――安易な――やり方で提供される音楽は、商業主義で飾りたてられたものではある。でも俺は、ああいう気取った奴らと一緒になって、〈ムジカンテンシュタードゥル〉のやっていることがまるでくだらない、って言おうとは思わない。チューバが、アルプス地方の単純なマーチのリズムを、「ブン、ボン、ブン、ボン」吹き鳴らすような、あのテの音楽をね。『プロフィール』誌に書いている批評家のレフラー女史みたいに、簡単に切り捨ててしまおうとは思わないんだ。俺は、十人以上の人間が好きだというものは何でもかんでもケチをつければいいと思っている、ああいう陰気で無定見なジャーナリストの仲間入りをしようなんて気はまったくないんだ。俺は素晴らしい民衆音《フォルクス・ムジ》楽《ーク》のミュージシャンと親しくしている。オーバーシュミットっていう男で、俺の家の二軒隣りに住んでいて、アコーデオンをすごくうまく弾く。まさにフォルクス・ムジークさ。彼はもちろん、俺のチェロ協奏曲に大きな影響を与えた。それに、レッシュって奴は広場の音楽の指導者で、素晴らしいトランペット吹きだ。彼からも俺は影響を受けた。

〈ムジカンテンシュタードゥル〉について俺が批判するのは、計算ずくで物事をやるという点なんだ。間抜けな奴らを相手にして、どんなアホにでもわかるように演奏する。そうやって、カネをタンマリ稼いで、視聴率を上げるってわけさ。録音スタジオではどんなふうに仕事をしているか、どんなに冷徹で冷笑的な計算ずくでコトが行なわれているか、俺は知っているんだ。良心なんてカケラもありゃしない。それはもう、ひどいもんさ。楽しいからそれをやる、喜びがあるからそれをやる、っていうのが、本来の姿だろう。踊りが好きで、アルプス流足踏みダンスとくれば、やっぱり革の半ズボンをペタペタ叩かずにゃいられない、っていうのなら、この俺だって同じさ。一緒になってやらない理由はないいんだよ。

でも、まあ、俺も六十代になったからね。七十代まで生きられるかどうかもわからない。今こうして自分の人生の大部分を振り返ってみると、ジャズ音楽の方向に、黒人音楽の方向に道を開いたってことこそが、俺の人生で一番重要な仕事だったんじゃないか、っていう気がする。それは何よりもまず、文化政治的な意味をもつ仕事だったんだ。人生も残り少なくなって、これまでやってきたことを振り返ってみれば、まあ大ざっぱに見て、それは意味のあることだったと思うんだ。

9　エピローグ――もうやめにしようか

■老いについて

俺は、直接には音楽と関係のない人々にも関心がある。たとえば、作家で劇作家でもあるトーマス・ベルンハルトなんかもそうだ。俺は、彼の『有名人たち』っていう作品が、ラジオ・ドラマ版で放送されたのを聞いた。素晴らしかったね。ザルツブルク音楽祭の関係者たちの思い上がりぶりを扱った部分なんて、その描写の迫真性は見事なもんさ。戯曲『英雄広場《ヘルデンプラッツ》』は本でも読んだし、場面を抜粋したものを舞台でも見た。これも、その辛辣さと透徹した洞察が、称賛に値するものだと思った。『伐採』っていう小説も、一気に(速く読みすぎたかもしれない)全部読んだ。それに、『芝居屋』もミュンヘンで見て、感心した。

ただ俺は、無条件でベルンハルトがいいとは思わない。それは、ある種のペシミスティックというか、極端な場合にはニヒリスティックでさえあるような基本的気分から抜け出していないということで、すべての現代芸術家たちの場合と同様なんだ。そういう連中が傲慢で思い上がっているような場合には、俺は彼らを受けつけないか、あるいは徹底的に批判する。でも、ベルンハルトのようにすぐれた人々の場合は、むしろ、気の毒だっていう感情のほうが強い。ベケットの場合なんかもそうだった。彼は、そこから抜け出すために何もやってみようとせずに、いつもそこに留まって、世界は忌まわしいとか、惨めだとか、無意味だとか、そんなようなことを言っている。そりゃあ、ベケット氏の立場やベルンハルト氏の観点から見れば、その通りかもしれないさ。でも俺は、彼らが、見事というほかない仮借のなさを専らとするばかりで、どこかに何かしらの光明とか、希望とかがあるのを、見ようとしない、あるいは見ることができない、っていうことが、気の毒に思われるんだ。

そういう点が、俺とベルンハルトとの違いであって、もし俺たちが会っていたとしたら、その辺のところで、俺たちは互いに相手に対して距離を感じただろうと思う。だからといって俺は、世界の悲惨さやおぞましさに目をつむるような人間じゃないのさ。絶対にそうじゃない。俺は、キッチュは願い下げなんだ。すべてを押しのけてしまうペーター・アレキサンダーみたいな奴とは、一緒にしてほしくないと思う。俺は、やっぱり芸術家というものは、そうした悲惨さやおぞましさに対して、立ち向かって闘わなくてはいけないんだっていう、堅い信念があるんだ。そして、ベケット、カフカ、それにベルンハルトといったペシミズムのプロたち(失礼、これはちょっと言いすぎかもしれない)においては、そういう信念がどこにも見られない、っていうことが残念なんだ。

ほら、たまたま今、きみの机の上にベルンハルトの本が置かれている。タイトルは『破滅者』だ。まさに彼らしい、典型的なタイトルさ。俺は『破滅者』はまだ読んでいないけど、だいたいどういう内容かは見当がつくよ。ピアニストになろうとしてなれなかった男とあのグールド、それにあのホロヴィッツをめぐる物語だろ。でも、まさか俺の名前がそのなかに出てくるとは、知らなかったね。ベルンハルトはこう書いている。「そう、私は思った、毎年、何万という数の音楽学校の生徒が、ろくでもない音楽学校に通って、へたくそな教師たちによって台無しにされている。場合によっては有名になるだろうが、何もわかってはいない。私はレストランに入って行きながら思った、グルダとかブレンデルとかになるかもしれないが、そんなものはなんでもない。ギレリスになろうが、そんなものはなんでもない」。

ベルンハルトがこれを書いたということを、俺は知らなかった。いずれにしても、これを読むと、ベルンハルトが他の人々と同様、俺についてごくわずかのことしか知らなかった、っていうことがわかる。つまり彼は、他の多くの人々と同様、俺の一部分だけしか、しかも俺が自分の人生のなかでそれを克服することに成功した一部分だけしか知らなかったんだ。もし俺が、ベルンハルトの知っているこの部分だけで成り立っているんだとしたら、「彼らはやがて、グルダとかブレンデルとかギレリスみたいになるだろうが、そんなものはなんでもない」ってベルンハルトが書いていることは、その通りかもしれない。ギレリス氏やブレンデル氏の場合は、この文脈でいいんだろうけど、俺の場合はそうじゃない。

なにも、ベルンハルトに文句を言おうってんじゃない。彼はたぶん、何も知らなかっただけなんだろう。俺のことをそういうピアニストだと思っていたわけで、たしかに俺は、ある程度まではそうなんだからね。俺が音楽学校の方針通りのピアニストになって、ずうっとそのままでいたのなら、彼の書いていることは、まったく正しいだろう。その場合には彼は、「グルダは音楽学校の産物であって、そんなものはなんでもない」と言うことができるだろう。でも、俺が俺たる所以は、ベートーヴェンのピアノ・ソナタがうまく弾ける、っていうことじゃない。もしそうなら、ベルンハルトの言うことはもっともであって、俺は彼に同意するさ。俺自身、ベートーヴェンがうまく弾けるってことが、そんなにたいしたことだとは思っちゃいないんだ。俺は、クラシック以外のところで俺がやってきたこと、とくにその文化政治的な功績っていうものは、そうとう高く評価してもいいと思っているんだ。もしベルンハルトが俺のやってきたそういうことを見て、聴いて、判断して、理解してくれてたら、もう少しじっくり考えて、あんなふうに一緒くたにするような書き方はしなかっただろうと思うよ。彼がそこんところを間違ったのは残念だな。でもまあ、どう書こうと、それは彼の勝手さ。

とはいうものの、ベルンハルトと俺との間には、相違するものよりは共通するもののほうが多いと言えるんだ。なにせ、俺たちはどちらもオーストリア人だし、どちらも気むずかし屋で通っているんだから。俺たちはどちらも、くだらない文化活動に対して反旗をひるがえすことに成功した。そして俺たちはどちらも、つき合いにくいってことになっているってわけさ。

もっとも、それだって、ようするに信頼の問題なんだ。だれに対して信頼を寄せることができるか、ってことさ。ちなみに俺の場合、無条件で百パーセント、どんなときでも信頼できる人間っていうのが、一人いる。それは俺の姉さ。ある人間についてそういうことが言えるってことは、素晴らしいことだよ。

そりゃあ、人間、六十も過ぎれば、思うことはいろいろある。もう欲張るのはやめて、音楽に集中したいっていう気持ちにもなるさ。とはいっても、それだってけっして問題がないわけじゃない。というのも、何か大きな音楽の仕事をやり終えるたびに、もうこれで終わりだ、もうやめにしてもいいだろう、っていう気持ちが、その都度ますます強くなるんだ。もうあとは、これよりいい仕事はできないんじゃないか、って思うのさ。そんなときは、自分にこう言い聞かせるんだ——「まあ、いいか。明日死のうがどうしようが、かまやぁしないさ。俺はいちばん大事なことはやったんだ」ってね。それは、死ぬのと同じことかもしれない。もう何もしなくなったら、終わりも同然だからね。そう、俺は年金生活に入って、毎日アッター湖畔で日没を眺めて暮らすことだってできるんだ。経済的には、もちろんなんの問題もないわけだしね。そうしたいと思えば、指一本動かさずに暮らすことだってできるんだから。

もう一つの問題は、いつまで身体がいうことをきくかってことさ。さいわい、今までのところはなんの兆候もないけど、いずれこの十年くらいのあいだには、指が思うように動かなくなるとか、力がじゅうぶん入らなくなるってことも、覚悟しておかなくちゃならないだろうさ。指のメカニズムが機能しなくなったら、どうしようもないからね。ピアニストはだれだって、いつかはこの問題に対処しなくちゃならない。歌手だったら、さらに十年早く直面せざるを得ない。もっとも俺の場合は、そうなったとしても、音楽の関心がすごく広い範囲にちらばっているから、音楽家としての生活を、なんらかの形で続けていくことができるだろうと思うけどね。制限せざるを得なくなったら——今のところは全然そういうことはないけど——人気がとくに高い俺の作品のうちで、ピアノがあんまり、あるいはほとんど活躍しないものを選んで、もっぱらそういうのばかりを演奏することにでもするかな。そんなふうにしてなら、まだ音楽家としてやっていける。でも、まったくピアノなしになるなんて、そりゃあ願い下げだね。そんな生活は、冗談じゃない、おぞましいもいいところさ。

I. THE NEW IN VIEW (... then Old is New)
Allegro
Flöte
2 Oboen
2 Fagotte
2 Hörner (in F)
Trompete in D
2 Trompeten (in Bb)
Tenorposaune und Bassposaune
Pauken in D, A
1. Violinen
2. Violinen
Bratschen
Violoncelli und Kontrabässe
Solo-Piano
Elektrobass
Schlagzeug
Nº 4
16 linig

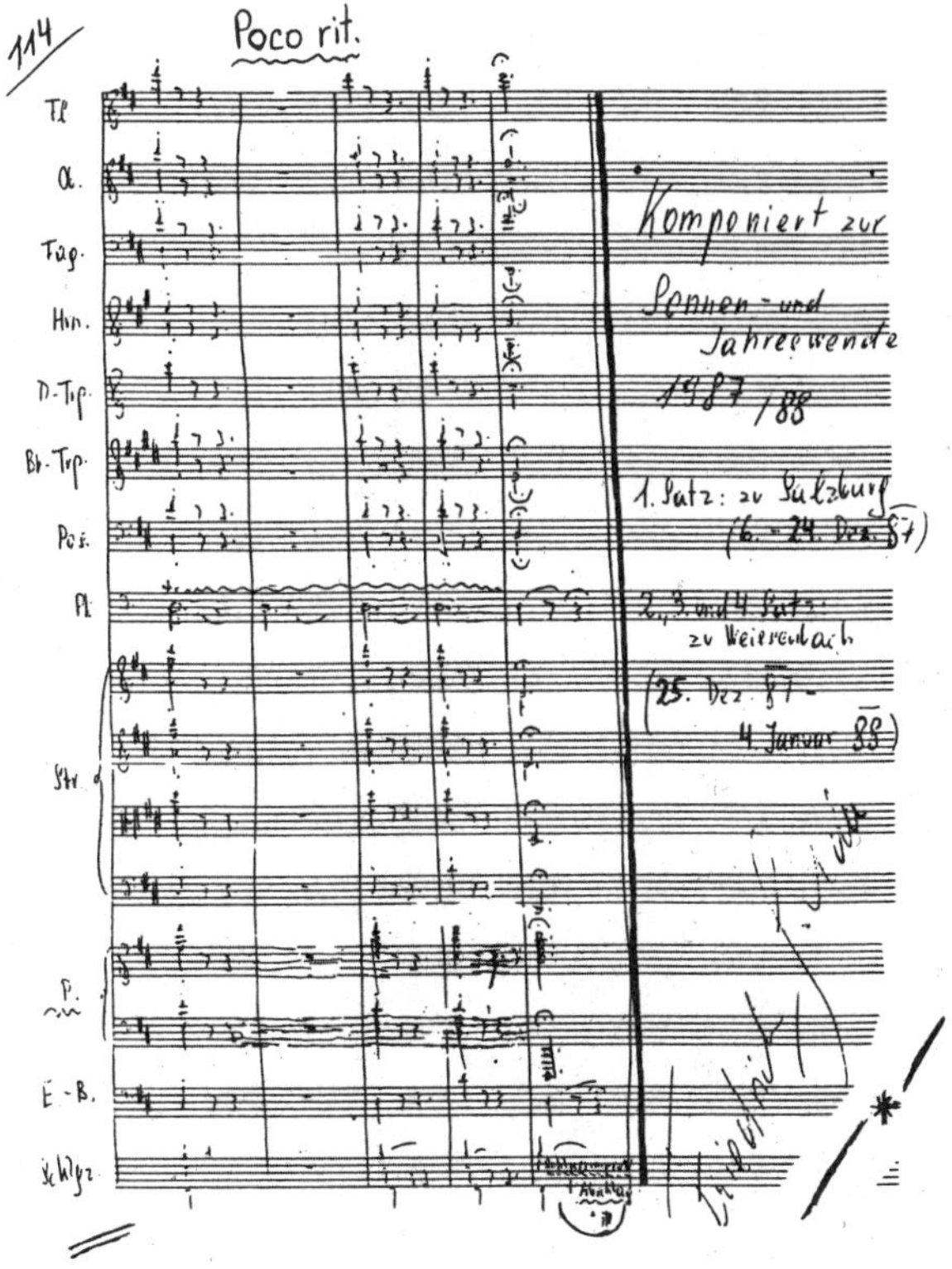
114
Poco rit.
Fl
Ob.
Fag.
Hrn.
D-Trp.
Br.-Trp.
Pos.
Str.
E-B.
Schlgz.
Komponiert zur Sonnen- und Jahreswende 1987/88
1. Satz: zu Salzburg (6.–24. Dez. 87)
2., 3. und 4. Satz: zu Weierenbach
(25. Dez. 87 – 4. Januar 88)

訳者あとがき

本書は Friedrich Gulda. *Aus Gesprächen mit Kurt Hofmann.* Langen Müller Verlag, 1990 の全訳である。一九九三年にはハイネ出版社から、同じ内容のポケットブック版が『フリードリヒ・グルダ――俺の人生まるごとスキャンダル』というタイトルで発売されており、翻訳はこちらに基づいて行なった。邦訳書名と各章のタイトルは訳者サイドの考慮で変更し、さらに多くの小見出しを付け加えた。

現代のピアニストたちのなかで、フリードリヒ・グルダは疑いもなく最も型破りな人物のひとりだ。ウィーン正統派の新鋭ピアニストとして戦後華々しく登場したグルダは、ベートーヴェン、シューベルト、ドビュッシー等の作品の卓越した演奏によって、すでに若くして不動の名声を確立した。しかし、その後の彼の活動は、およそ〈まともな〉ピアニストのものではない。ジャズ・ミュージシャンたちと共演し、自作の歌をウィーン訛りの弾き語りで歌い、自由なスタイルの即興演奏ではピアノはもちろん、打楽器もやればブロックフレーテも吹く。モーツァルトのソナタや協奏曲では、原譜にない装飾音をちりばめたり、リズムをジャズ風にズラしたりして、賛否両論を巻き起こした。演奏するときの服装からしてトックリ・セーターやTシャツといったぐあいで、およそクラシックの演奏家らしくない。折にふれてのいろいろな発言もかなりエキセントリックだ。

そんなグルダも、もう還暦をこえた。そろそろ「巨匠」として「円熟の境地」に入る潮時かもしれないが、彼にはそんな正統的大家の座に収まりかえるつもりなど、これっぽっちもないらしい。たとえば昨年日本でも発売された、二つのグルダのレーザー・ディスク。一九九〇年前後に彼がミュンヘンとウィーンで行なったコンサートをライヴ収録したものだが、どちらもまさにジャンルの越境者グルダ、堅苦しいことが大嫌いなグルダならではのものだ。

『グルダ・プレイズ・モーツァルト&ジャズ』では、タイトル通り前半がモーツァルト、後半がジャズ。グルダ自作の曲の弾き語りも入る。モーツァルトにしても、およそスクウェアなアプローチではない。グルダは《フィガロの結婚》のスザンナのアリア〈とうとううれしい時がきた――恋人よ、早くここへ〉をピアノ用にアレンジしたものを、ステージに立つ美貌の女性プレイヤーに訴えかけるような視線を注ぎながら弾くのだ。

もう一枚のLD『グルダ、ノン・ストップ』でも、息子のために書いた自作の曲に始まって、モーツァルト、グルダ自作、ドビュッシー、ショパン、シューベルト、さらにはヨハン・シュトラウスの《こうもり》のピアノ・パラフレーズと続く。アンコールの最後には、有名なウィーンの民謡〈辻馬車の歌〉が思い入れたっぷりに演奏される。ノリにのって、もうどうにもとまらない、といった感じだ。

そう、グルダは「ノリ」のピアニストといえるかもしれない。この「ノリ」という言葉、もとはジャズのアドリブ演奏などについて使われたものだが、近年はあいまいな意味合いでやたらに濫用されるようになった。今や時代遅れの流行語という感じだが、もとはなかなか含蓄のある言葉だったはずである。「ノリ」――それは思考よりも感覚が、持続よりも瞬間が、精神性よりも身体性が、必然性よりも偶然性が支配する世界だ。そこではなによりも自発性と冒険心、遊びごころとスリルが求められる。グルダの演奏には、つねにそうした「ノリ」への志向がある。そのことはバッハであれ、モーツァルトであれ、ベートーヴェンであれ、ドビュッシーであれ、あるいは自作のジャズであれ、歌の伴奏であれ、さらにはミュージシャン仲間との即興的パフォーマンスであれ、少しも変わらない。

むろんクラシックの作品では、いくらグルダでも、そうそう好き勝手なことはできないし、ベートーヴェンやドビュッシーでは彼は至極「まっとうな」演奏もしている。しかしそうした作品を演奏する場合でも、グルダは、遠い昔に完成された古典を前にしてひざまずく敬虔な態度をもってするのではなく、つねにそれらの音楽が生まれた瞬間の「ノリの現場」に立ち会おうとする、自発的な遊戯者の衝動をもってする。そのようなグルダにとっては、クラシックもジャズも即興的パフォーマンスも、みな同じように自由でスリリングな、精神を鼓舞する「あそび」の素材にほかならないのだ。
グルダは彼のそうした「あそび」において、すこぶるマジメで真剣である。それはほとんど求道的といってもいいくらいかもしれない。これから先もグルダには、真摯な遊戯精神で、開かれた自由な音楽を追求してもらいたいものだ。

この十一月、グルダは二十四年ぶりに来日して演奏会を行なう。ちょうどこの機会に本書を世におくることができたのは、大のグルダ・ファンである訳者としてはうれしいかぎりだ。編者の「まえがき」からもわかるように、本書はグルダの折にふれての発言を集めて編纂したもので、その内容は必ずしも十分に整理されてはいない。おなじ発言の繰り返しも多く、事実関係にも不正確なところがいくつかあるようだ。しかし、そのくつろいだ語り口からは、グルダの奔放な人間性がじかに感じ取れるし、戦後四十五年の彼の人生と芸術活動の軌跡は、さまざまな意味でじつに興味深いものがある。両親のこと、ウィーンの音楽教育、コンクール、演奏活動、他の演奏家たちのこと、ジャズへの道、故郷ウィーンへの愛憎の気持ち、数々の「スキャンダル」、モーツァルトへの限りない傾倒、そして多情多恨の女性遍歴……。なんでもざっくばらんに、まったく気取らず、謙遜も抜きで思ったことをズバズバ語るグルダの話しぶりには、どこかモーツァルトの手紙のスタイルを思わせるようなところがある。いずれにしても、その内容は、グルダ・ファンなら興味津々のものだ。

翻訳では、グルダの奔放な語り口の感じがなるべく伝わるように心がけた。一人称については、当初は「わたし」で始めてみたものの、どうもなじまないという感じがして、結局「俺」といういささかゾンザイな言葉になった。じつに日本語はやっかいである。

本書の翻訳を勧めてくださった梶本音楽事務所の佐藤正治さん、訳者の問いに親切に答えてくださった一橋大学の同僚レテーナ・ジャコムッツィ＝プッツさん、ディスコグラフィーや登場人物プロフィールの作成その他で強力にサポートしてくださった洋泉社編集部の江森一夫さんに、この場を借りて感謝の意を表したい。みんなグルダが大好きな人たちだ。

一九九三年十月

田辺秀樹

成、その後数度のメンバー・チェンジをしながらもロック界最強のグループとしての地位を獲得する。

編者

クルト・ホーフマン（1954－　：ディレクター／オーストリア）1980年からザルツブルクでオーストリア放送協会ORFの仕事に従事。グルタのほかにも、作家トーマス・ベルンハント、歌手フランシスコ・アライサ、ギゼラ・マイ、俳優ヘルムート・バーガーなど、さまざまな分野の芸術家、文化人にインタビューを行い、オーストリア、ドイツ、フランスなどの主要な新聞や雑誌に記事を提供している。

ラーンキ、デジェ（1951－　：ピアノ／ハンガリー）バルトーク音楽院でカドシャ・パールに師事。69年旧東ドイツのシューマン・コンクールに優勝、「カサドシュ」の再来と絶賛される。古典から現代と幅広いレパートリーをもつ。

ランデスマン、ハンス（プロデュース／オーストリア）ザルツブルク音楽祭のディレクターで行政担当。モルティエ、ヴィースミュラーとともに三人支配体制をとる。

ルービンシュタイン、アルトゥール（1887－1982：ピアノ／ポーランド）1897年ベルリンに移住、リスト門下のハインリヒ・バルトに師事。92年ポツダムでデビュー以来各地で成功を収める。一時ワルシャワに帰るが、39年アメリカで第二次世界大戦を迎えそのままアメリカに留まる。76年に現役を引退するまで、20世紀を代表するピアニストの一人として精力的に活動を続ける。

レーブル、カール（ジャーナリスト／オーストリア）オーストリアテレビ局の文化番組の担当ディレクター。

レンナー、カール（1870－1950：政治／オーストリア）オーストリア社会民主労働党右派の理論家として知られる。1907年に国会議員、18年に共和国首相となるが、ナチスによるオーストリア併合後政界から一時引退。45年には戦後の初代大統領となる。

ローリング・ストーンズ（1963－　：ロック・グループ／イギリス）ブライアン・ジョーンズ、ミック・ジャガー、キース・リチャーズ、チャーリー・ワッツ、ビル・ワイマンによって結活動を中断。独自の美学に基づく演奏は孤高の個性を感じさせる。教育者としても多くの俊英を育成している。

ムジカンテンシュタードゥル　オーストリアのフォルクスムジーク（民衆音楽）の人気グループ。彼らの出演するテレビ番組の名にもなっている。「楽師達の納屋」の意味。

モラン、ゲイル（1943-　：ヴォーカル、キーボード／アメリカ）フォーク・ロック・グループで活動していたが、大学で音楽教育の学位を得たのち、75年からはチック・コリアと活動を共にし、77年に結婚。結婚後も活動を共にしている。

モルティエ、ジェラール（1943-2014：マネージメント／ベルギー）ブリュッセルのモネ劇場の支配人をへて、92年からカラヤンの後任として夏のザルツブルク音楽祭の音楽監督に就任する。

ラインハルト、マックス（1873-1943：演出／オーストリア）ウィーン出身の演出家。世紀転換期からベルリンとウィーンを中心に、数多くの演劇、オペラ等で独創的な演出を行なった。1920年から、ホフマンスタール、R. シュトラウスとともに、ザルツブルク音楽祭の活動に参加。

ラビノヴィッチ、アレクサンドル（1945-　：ピアノ、作曲／ソビエト）モスクワ音楽院でピアノと作曲を学ぶ。シュトゥックハウゼン、メシアンなどの前衛的な作品を紹介するなど、ソビエトにおける前衛音楽の草分け。74年フランスに移住し作曲家としても活動を続ける。80年からはジュネーヴに在住。アルゲリッチとともに来日したこともある。

時代を代表するスタイルといえる。

ホフマン、ルートヴィヒ（1925－99：ピアノ／ベルリン）45年ウィーンに移住、オルガニストとして活動を始める。48年からウィーン音楽アカデミーでピアノを学ぶ。マルグリット・ロン、B＝ミケランジェリにも師事する。

ホフマンスタール、フーゴー・フォン（1874－1929：詩人、劇作家／オーストリア）早熟の天才とうたわれ、1892年にはゲオルゲの「芸術草紙」に参加、世紀末的特徴をもつ耽美的な作品を発表する。1902年からは古典作品、中世の伝承による創作に移行する。R. シュトラウスのオペラ《ばらの騎士》《ナクソス島のアリアドネ》《影のない女》の脚本も著した。

ホロヴィッツ、ウラディミール（1904－89：ピアノ／ロシア）22年にデビュー。25年にロシアを去り、ヨーロッパ各地で演奏活動を行なう。28年にアメリカでデビュー、33年にトスカニーニの娘ワンダと結婚。40年以来アメリカに定住するが、53年療養のため演奏活動を中断、65年復帰リサイタル。その強靭なピアニズムにより20世紀前半を代表する巨匠ピアニスト。

マルクス、ヨーゼフ（1882－1964：作曲、教師、批評／オーストリア）グラーツ生まれ。1914年ウィーン国立音楽院教授、22年同院長。改組後の学長も務める。

ミケランジェリ、アルトゥーロ・ベネディッティ＝（1920－95：ピアノ／イタリア）ヴェルディ音楽院で学ぶ。一時医学の道に進むが、39年第１回ジュネーヴ国際コンクールに優勝、コルトーに「新しいリスト」と称賛される。52－59年、病で演奏にノーベル文学賞受賞。

ヘブラー、イングリート（1929－　：ピアノ／オーストリア）ハインツ・ショルツ、パウル・ヴァインガルテン、ニキタ・マガロフ、マルグリット・ロンに師事。1952、53年ジュネーヴ国際コンクール第２位、54年ミュンヘン国際コンクール入賞。モーツァルトの演奏に定評がある。

ベーム、カール（1894－1981：指揮／オーストリア）ウィーンで音楽を学び、1917年指揮者としてデビュー。32年にハンブルク、34年にドレスデンの歌劇場の総監督。43－45年、54－58年、ウィーン国立歌劇場総監督。戦後はフリー。38年以来ウィーン・フィルと密接な関係を続け、67年名誉指揮者となる。20世紀を代表する指揮者の一人。

ヘラー、アンドレ（1947－　：詩、ヴォーカル etc）ウィーンの詩人、シンガー・ソングライター、俳優、イヴェント・プランナー、その他諸々。才気あふれるマルチ・タレントとして、多方面で活躍。

ベルンハルト、トーマス（1931－89：劇作家・詩人／オーストリア）70年『石灰工場』でビュヒナー賞受賞。反復語法、間接話法を多用した独自の文体が特徴、現代オーストリアを代表する作家のひとり。

ポゴレリッチ、イーヴォ（1958－　：ピアノ／ユーゴスラヴィア）モスクワ音楽院に学ぶ。80年のショパン・コンクールに予選落ちしたことに対する審査員アルゲリッチの抗議により、センセーションを巻き起こす。優れた技巧と独自の感性は新しい

54年から現代音楽演奏機関「ドメーヌ・ムジカル」を設立、自身の作品も含め、20世紀の現代作品の紹介に努める。59年からはバーデン＝バーデンで作曲ならびに指揮者としても本格的に活動する。72年からはポンピドー・センターに設立されたIRCAM（音響・音楽の探求と調整の研究所）の責任者だった。戦後アヴァンギャルド音楽の旗手として現代音楽に大きな足跡を残す。

ブレンデル、アルフレート（1931－　：ピアノ／ユーゴスラヴィア）47年にウィーンに出て独学を続け、エドウィン・フィッシャー等の指導を受ける。49年のブゾーニ・コンクールに入賞、ウィーンを中心に活動を始める。深い譜読みと知性に裏づけられた演奏は現代の最高水準をゆくものと評価されている。

ベイカー、チェット（1929－88：トラッペット、ヴォーカル／アメリカ）ハイスクール時代にトランペットを始める。52年にチャーリー・パーカーと共演、ジェリー・マリガン４のメンバーに抜擢され、ウェスト・コースト・ジャズの人気スターになる。麻薬禍で一時ジャズ界を離れるが、73年に復帰。

ベイシー、カウント（1904－84：バンド・リーダー、ピアノ／アメリカ）ジャズ・ピアニストとして活動を始めるが、35年にカウント・ベイシー楽団をスタートさせ、第一級のジャズ・オーケストラに育て上げる。

ベケット、サミュエル（1906－89：小説、劇作家／アイルランド）パリで英語教師をするかたわら小説などを執筆するが当初ほとんど認められなかった。戦後、戯曲『ゴドーを待ちながら』がフランス演劇の時代を画し、国際的に注目される。69年モアが参加。以降、プログレッシヴ・ロックを代表するグループとなる。

フクス、パウル（ミュージシャン／オーストリア）本文参照。

フクス、リンペ（ミュージシャン／オーストリア）本文参照。

ブーフビンダー、ルドルフ（1946－　：ピアノ／チェコスロヴァキア）１歳でウィーンに移る。ウィーン音楽アカデミーでザイドゥルホーファーに師事し、10歳でデビュー。57年ウィーン・トリオを結成、61年のミュンヘン・コンクールに優勝。トリオとソロの両面にわたって活躍する。

フルトヴェングラー、ヴィルヘルム（1886－1954：指揮、作曲／ドイツ）はじめ作曲を学ぶ。指揮者としては1906年にデビュー、22年にはニキシュの後任としてライプチヒ・ゲヴァントハウス、ベルリン・フィルの指揮者になり、ドイツを代表する指揮者として国際的に名声を高める。ナチス・ドイツのドイツで活動を続けたために問題となったが、復帰後はウィーン・フィル、ベルリン・フィルを始め各地で客演。20世紀最大の指揮者として神格化される巨匠。

フルニエ、ピェール（1906－86：チェロ／フランス）ピアニストを目指すが、９歳で小児麻痺にかかりチェロに転向。24年パリでデビュー。36年から世界各地に楽旅、その名声を高める。41年から49年にはパリ音楽院教授も務める。56年にジュネーヴに移住。

ブーレーズ、ピェール（1925－2016：作曲、指揮／フランス）

アメリカ）43年、ニューヨーク・フィルハーモニーでデビュー、一躍脚光を浴びる。59－69年まで同オーケストラの音楽監督。70年以降は作曲に専念する傍ら、各地のオーケストラに客演、現代を代表する大指揮者の一人だった。作曲家としてはミュージカル《ウェストサイド物語》が一般に広く親しまれている。

ピアティゴルスキー、グレゴール（1903－76：チェロ／ロシア）ボリショイ歌劇場の首席チェロ奏者をへてライプチヒに移る。24年から28年までベルリン・フィルの首席、その後ソロとして活躍し、29年アメリカに渡る。ルービンシュタイン、ハイッフェッツとトリオを組み「百万ドル・トリオ」と賞賛された。

ビル、マリア（1948－　：ヴォーカル、女優／スイス）ウィーン・ブルク劇場の女性歌手・女優。

ピーターソン、オスカー（1925－2007：ピアノ／カナダ）モントリオールでジャズ・ピアニストとしてデビュー、その後JATPのメンバーとなり、55年のカーネギー・ホール・リサイタルで大反響を得る。以降第一線で活躍を続けた。

ビートルズ（1962－70：ロック・グループ／イギリス）ジョン・レノン、ポール・マッカートニー、ジョージ・ハリソン、リンゴ・スターによって結成、ロック史上最も大きな足跡を残したグループ。

ピンク・フロイド（1965－2014：ロック・グループ／イギリス）ロジャー・ウォーターズ、ニック・メイスン、リック・ライト、シド・バレットによって結成、実験的な手法を取り入れたステージを展開するが、68年シドが脱退しデヴィッド・ギル

パウエル、バド（1924－66：ピアノ／アメリカ）クラシックを学ぶが、10代でジャズに転向。セロニアス・モンクに認められ、以降ビ・バップの中心的ピアニストとして活動、現在のピアノ・トリオの原型をつくった。精神疾患、麻薬等で苦しみながらもモダン・ピアノの金字塔をうちたてた破滅型の天才ピアニスト。

パーカー、チャーリー（1920－55：アルト・サックス／アメリカ）39年にジェイ・マクシャン楽団に参加して本格的なジャズ・ミュージシャンとなる。42年からはガレスピー、モンクらとともにビ・バップ・ムーヴメントを推進する。精神的な苦痛、麻薬、飲酒と幾度も訪れる苦悩にもかかわらず「ジャズ・ジャイアント」としての不滅の名声を得た。

バルトーク、ベーラ（1881－1945：作曲、ピアノ／ハンガリー）ブダペスト音楽院で作曲とピアノを学ぶ。1906年からコダーイと共にマジャール民謡の収集に務め、その成果を自作の作品に応用、また黄金分割を応用した独自の作曲理論も展開。民族的であると同時に近代的感覚に満ちた緊張力をもった作品を生み出す。40年アメリカに亡命。

ハンコック、ハービー（1940－　：ピアノ／アメリカ）11歳でクラシックのピアニストとしデビューするが、ハイスクール時代にジャズに興味をいだき作曲も始める。60年に本格的な活動を開始、63－68年にマイルス・バンドに在籍する。76年「VSOP」を結成。作曲家、プロデューサーとしても非凡な才能を発揮している。

バーンスタイン、レナード（1918－90：指揮、作曲、ピアノ／

羽鳥」と呼ばれた。シューマンのスペシャリストとしても知られる。

トスカニーニ、アルトゥーロ（1867－1957：指揮／イタリア）オーケストラのチェリストとして活動するが、86年急遽代役を務めた《アイーダ》の指揮の成功で指揮者としてデビュー。ミラノ・スカラ座、ニューヨーク・フィルなどの音楽監督を歴任し、晩年の37－54年には彼のために組織されたNBC交響楽団の常任指揮者を務めた。20世紀の指揮法を確立した巨匠。

ニューマン、ランディ（1943－　：ロック／アメリカ）ハリウッドの作曲家ライオネル・ニューマンの甥で、アレンジャー、ライターとしてスタート。アイロニーにみちた歌詞でも人気のシンガー・ソングライター。

ノーマン、ジェシー（1945－2019：ソプラノ／アメリカ）68年ミュンヘンのコンクールで優勝、翌年ベルリン市立歌劇場でデビュー。豊かな声量と優れた歌唱力で名声を高める。

バウアー、オットー（1881－1938：政治／オーストリア）ウィーンに学び、オーストリア社会民主労働党の機関紙の編集委員となる。マルクス主義の理論家として知られたが、38年ヒットラーのオーストリア進駐でパリに亡命。

パウアー、フリッツ（1943－2012：ピアノ／オーストリア）ウィーンの音楽院を卒業後、66年にグルダが主催した第１回国際ジャズ・コンテストで優勝、後に自己のトリオを率いて活動をしたほか、アート・ファーマー（tp）等とのデュオなどの活動を行った。

ストラヴィンスキー、イゴール（1882－1971：作曲／ロシア）リムスキー＝コルサコフに作曲を師事する。ロシア・バレエ団の主宰ディアギレフに才能を認められ、ロシア・バレエ団の音楽を担当、1913年の《春の祭典》の成功により一躍名声を高める。後に表現主義的作風から新古典主義的な作風に移行するが、その活動は20世紀の音楽史の展開に決定的な影響を与えた。

セル、ジョージ（1897－1970：指揮／ハンガリー）ウィーンに学び、ピアニストとしてデビューするが、R. シュトラウスに見出され指揮者に転向。ヨーロッパ各地で指揮活動を続けるがニューヨーク滞在中第二次世界大戦が勃発、以来アメリカに帰化し、46年からクリーヴランド管弦楽団の音楽監督を務める。70年の日本公演の直後、急逝。

ゼルキン、ルドルフ（1903－91：ピアノ／チェコ）9歳でウィーンに出る。1920年に本格的なデビューを果たしウィーンの寵児として活躍するが、39年にナチの手を逃れて渡米。20世紀を代表するピアニストの一人として大きな足跡を残す。

タイナー、マッコイ（1938－2020：ピアノ／アメリカ）59－65年ジョン・コルトレーン（ts）のコンボに参加。68年以降は自身のコンボを結成している。

チュカン、オットー・M（1935－2006：作曲／オーストリア）オーストリア生まれの現代音楽作曲家。

デームス、イェルク（1928－2019：ピアノ／オーストリア）ウィーン音楽アカデミーでエドウィン・フィッシャーに師事し55年デビュー。グルダ、バドゥラ＝スコダとともに「ウィーン三る作風に移行する。ペレストロイカ以降西側にも広く知られるようになった現代ロシアを代表する作曲家。

シチェドリン、ロディオン・コンスタンティノヴィチ（1932－　：作曲／ソビエト）モスクワ音楽院で作曲とピアノを学ぶ。ロシアのフォルクローレの要素を現代音楽の手法に結びつけたが、65年以降は前衛的、モダン・ジャズ的手法がみられる。

シェンク、オットー（1930－　：演出／オーストリア）演劇の演出家として出発。57年ザルツブルクの《魔笛》でオペラ演出家としてデビュー。64年以降ウィーン国立歌劇場を中心に活動を続ける。

シェーンベルク、アーノルト（1874－1951：作曲／オーストリア）ベルク、ウェーベルンとともに「新ウィーン楽派」を形成。十二音技法という新しい作曲技法を創案し、20世紀の芸術音楽の発展に大きな影響を及ぼす。

ショーンバーグ、ハロルド・チャールズ（1915－2003：批評／アメリカ）音楽雑誌等で評論活動を続け、60－80年には『ニューヨーク・タイムズ』の首席批評家となる。71年ピューリッツァー賞を受賞。邦訳もある。

スコダ、パウル・バドゥラ＝（1927－2019：ピアノ／オーストリア）ウィーンに生まれる。ピアノは18歳のときから始める。47年オーストリア音楽賞に首位入賞後、エドウィン・フィッシャーに師事、60年からはデムス、グルダとともにウィーン芸術週間のマスター・クラスを主宰。歴史的な鍵盤楽器の研究・演奏に優れた業績を残す学究肌。

て十代から活躍、79年クインシー・ジョーンズをプロデュースにむかえた《オフ・ザ・ウォール》《スリラー》の大ヒットでアメリカン・ポップ・ミュージックの頂点に立つ。

ジャレット、キース（1945－　：ピアノ、オルガン、作曲／アメリカ）７歳でクラシックのピアニストとしてデビューするが、学生時代にジャズに転向。73年の「ソロ・コンサート」で一大センセーションを起こす。現代音楽、クラシック系のものまで極めて多彩な活動を続けるほか、アコースティックなジャズ・サウンドも追求している。

シュトックハウゼン、カールハインツ（1928－2007：作曲家／ドイツ）ケルンに学ぶ。53年からケルン放送局の電子音楽スタジオで電子音楽の作曲に従事、ノーノ、ブーレーズとともに現代音楽の三羽烏として注目される。

シュトラウス、ヨハン（Ⅰ・1804－49、Ⅱ・1825－99：作曲、ヴァイオリン／オーストリア）父子二代にわたりウィンナ・ワルツの発展に力を注ぐ。父は「ワルツの父」息子は「ワルツ王」とウィーンの人々から敬愛される。

シュトラウス、リヒャルト（1864－1949：作曲、指揮／ドイツ）ハンス・フォン・ビューローに見出される。80年代からワーグナーに傾倒し一連の交響詩、オペラを作曲するかたわら、ミュンヘン、ウィーンの歌劇場の指揮者としても活躍する。

シュニトケ、アルフレート（1934－98：作曲／ソビエト）ウィーンで音楽教育を受け、モスクワ音楽院で作曲を学ぶ。ソビエトの前衛作曲家として活躍するが、その後多様式主義といわれしても多くの俊英を世に送りだした。

コロ、ルネ（1937－　：テノール／ドイツ）65年にオペラ歌手としてデビュー。69年バイロイト音楽祭に出演して以来ヘルデン・テノールとしての名声を獲得する。

ゴロヴィン（？－2000：ヴォーカル／オーストリア）グルダが彼自身のウィーン気質の形象化として登場させた分身。

ザイドゥルホーファー、ブルーノ（1905－82：ピアノ、教育／オーストリア）ウィーン国立音楽院教授、グルダの師。

ザヴィヌル、ジョー（1932－2007：ベース、キーボード／オーストリア）ウィーン音楽院に学び、54－58年グルダのバンドに在籍。その後渡米、70年に「ウェザー・リポート」を結成。

サンタナ（1968？－　：ロック・グループ／アメリカ）カルロス・サンタナを中心にブルース・バンドとして活動開始、69年にファースト・アルバムを発表。ラテン・リズムを取り入れた音楽づくりでラテン・ロックと呼ばれた。

シフ、ハインリヒ（1951－2016：チェロ／オーストリア）ウィーン音楽院でアンドレ・ナヴァラに師事。72年のグラーツ国際現代音楽協会音楽祭でロストロポーヴィチの代役でルトスワフスキーの協奏曲を弾いて注目される。晩年はバロックへの関心も深めた。

ジャクソン、マイケル（1958－2009：ポップ・シンガー／アメリカ）兄弟グループ、ジャクソン５のリード・ヴォーカルとし世界的なセンセーションを呼ぶ。その後アメリカ、ソビエト、ヨーロッパ各地を演奏旅行し名声を博すが、64年突如舞台演奏から退き、録音に専念する傍ら、ドキュメンタリー・フィルムの製作、著述などのメディアで活動する。50歳で脳卒中で急逝。（グルダは本文中で、グールドは52歳で死んだ、と述べているが、勘違いだろう）。

コチシュ、ゾルタン（1952－2016：ピアノ／ハンガリー）リスト音楽院でカドシャとラドシュに師事、70年ハンガリー国内のコンクールに優勝、ブダペスト響のアメリカ・ツアーに同行し、国際的にも注目される。

ゴードン、デクスター（1923－90：テナー・サックス／アメリカ）チャーリー・パーカー、バド・パウエル等とともに活躍するが、麻薬により一時活動停止。60年代以降復帰。

コリア、チック（1941－2021：ピアノ、キーボード／アメリカ）68年以降マイルス・デイヴィス・バンドのキーボード奏者として名声を高める。72年「リターン・トゥ・フォーエヴァー」を結成しジャズ・フージョンの一大ムーヴメントを起こす。80年以降はグルダをはじめとするクラシック演奏家とも共演するほか、「チック・コリア・エレクトリック・バンド」等でも積極的な活動を続けた。

コルトー、アルフレッド（1877－1962：ピアノ／フランス）極めて洗練されたフランスのピアノ演奏のスタイルを体現した名ピアニスト。ソリストとしてデビューした後ワーグナーに心酔、1902年の《神々の黄昏》、《トリスタンとイゾルデ》のパリ初演を指揮する。05年から「カザルス・トリオ」を結成。教育者と

ガレスピー、ディジー（1917－93：トランペット／アメリカ）30年代から40年代のビ・バップ・ジャズ草創期の中心メンバー。ジャズを大衆化した功績も大きい。

ギレリス、エミール（1916－85：ピアノ／ソヴィエト）1931年、ルービンシュタインに認められ第1回ソビエト音楽コンクールに優勝。48年に西側でセンセーショナルなデビューを果たし「鋼鉄のタッチ」とたたえられた。古典から近代までレパートリーも広く、その硬質なリリシズムはかれの真骨頂。

クヴァルティンガー、ヘルムート（1928－86：舞台／オーストリア）戦後のウィーンを代表するカバレッティスト、俳優のひとり。代表作はナチズム体制下のオーストリアをテーマにしたモノ・ドラマ『カール氏』。映画『薔薇の名前』の中で破戒僧の役を演じたのが、最後の仕事となった。

クライスラー、ゲオルク（1922－2011：舞台／オーストリア）クヴァルティンガーと並んで戦後のウィーンを代表するカバレッティスト。ブラック・ユーモアあふれる自作のシャンソンを、自らピアノを弾きながら歌う。代表作は〈反ウィーナーリート〉ともいうべき『鳩にやろうよ毒饅頭』など。

グルダ、パウル（1961－　：ピアノ／オーストリア）フリードリヒ・グルダの長男。ローラント・バティクにピアノを学んだ後、父グルダ、ルドルフ・ゼルキン等に師事する。1988年にはザルツブルク音楽祭にも出演している。

グールド、グレン（1932－82：ピアノ／カナダ）14歳でトロント交響楽団と共演、56年の《ゴールドベルク変奏曲》の録音が結成されたジャズ・バンド。フリー・インプロヴィゼーションを導入した衝撃的なサウンドにより70年代のジャズ界をリードした。

エーダー、ヘルムート（1916－2005：作曲／オーストリア）オーストリア生まれの現代音楽作曲家。

エマーソン・レイク&パーマー（1970－80？：ロック・グループ／イギリス）キース・エマーソン、グレッグ・レイク、カール・パーマーによって結成。《展覧会の絵》などクラシックを取り上げたアルバムをつくり、プログレッシヴ・ロックのスーパースター的存在だった。

エリントン、デューク（1899－1974：ピアノ、作曲、バンド・リーダー／アメリカ）1927－31年までニューヨークの「コットン・クラブ」の専属として名声を博す。以降アメリカのジャズ創始者としてつねに第一線で活躍しつづけた。ミュージカル等の作曲家としても重要。

カイザー、ヨアヒム（1928－2017：批評／ドイツ）フランクフルト、ゲティンゲン、テュービンゲンで音楽学、文学を修める。1951年から音楽、演劇の批評活動を始める。邦訳もある。

カラヤン、ヘルベルト・フォン（1908－89：指揮／オーストリア）27年ウルム歌劇場の指揮者としてスタート。ナチス関与のため戦後一時公職追放されるが、復帰後はウィーン交響楽団、フィルハーモニア管弦楽団等の指揮者を歴任し、55年からフルトヴェングラーの後任としてベルリン・フィルハーモニーの首席指揮者。73年からはザルツブルク音楽祭を主宰した。

アームストロング、ルイ（1900－71：トランペット、ヴォーカル／アメリカ）サッチモの愛称で親しまれ、ジャズの大衆化に大きく貢献。47年サッチモ・オールスターズを結成し数々のヒット曲を生み出した。

アレキサンダー、ペーター（1926－2011：歌手、俳優／オーストリア）オーストリア、ドイツで絶大な人気を誇ったポピュラー歌手、コメディアン。オペレッタや民謡も得意とした。

アルゲリッチ、マルタ（1941－　：ピアノ／アルゼンチン）幼少より神童ぶりを発揮。55年にヨーロッパに渡り、グルダ、B＝ミケランジェリ等に師事。65年のショパン・コンクールで大絶賛され名声をたかめる。奔放な感受性と技巧を誇る現代を代表するピアニストの一人。

アンデルス、ウルズラ　本文参照。

アンデルス、ペーター（1908－54：テノール／ドイツ）戦前のドイツを中心に活躍する。40年にベルリン国立歌劇場の専属歌手。《魔笛》のタミーノ役、《椿姫》のアルフレート役などで人気を博すが、54年交通事故で急逝。

ヴァルトハイム、クルト（1918－2007：政治／オーストリア）オーストリア外相などをへて、72－81年国連事務総長。86年からはオーストリア大統領に就任している。戦時中のナチとの関わりについてとりざたされた記憶は新しい。

ウェザー・リポート（1970－86：ジャズ・バンド）ジョー・ザヴィヌル（pf）とウェイン・ショーター（tp）が中心となって

登場人物プロフィール

アース・ウィンド・アンド・ファイアー（1969－　：ブラック・ミュージック／アメリカ）モーリス・ホワイトによって結成されたグループ。70年代の黒人音楽のみならずロックなどにも大きな影響を及ぼした。

アードラー、ヴィクトール（1852－1918：政治／オーストリア）ウィーンで医学を学び、生活困窮者の医療を通じて社会問題に関心を示す。1885年社会民主党に入党、89年にはオーストリア社会民主党を創立する。

アーノンクール、ニコラウス（1929－2016：指揮、古楽器／ドイツ）ウィーン音楽院で学ぶ。52－69年ウィーン交響楽団のチェロ奏者を務めるかたわら、53年からは自ら古楽器演奏団体ウィーン・コンツェルトゥス・ムジクスを設立、その指揮者を務めた。現代オーケストラの指揮もした。

アニマ（1979－85：ロック・グループ）Michaele Friis、Kenneth Knudsen、Garycy Nicklin、Mikkel Nordsφ、Ole Theillによって結成。これまでに「ANIMA」、「It's up to you」、「KILGORE」という3枚のLPを制作した。

アバド、クラウディオ（1933－2014：指揮／イタリア）ヴェルディ音楽院をへて、ウィーン国立音楽院でハンス・スワロフスキーに学ぶ。65年のザルツブルク音楽祭で成功を収め一躍脚光を浴びる。ウィーン国立歌劇場、ベルリン・フィルハーモニーの二大ポストの音楽監督を務めた。

文庫版訳者あとがき

長びくコロナ禍、物騒な世界情勢、ひどくなる一方の日本の政治……。気が滅入ることばかりの日々のなかで、去年の十一月、うれしい知らせが届いた。三十年前に私が翻訳した『グルダの真実』を、ちくま学芸文庫で復刊してくれるというのだ。一九九三年十一月のグルダ来日公演に向けて大急ぎで翻訳し、なんとか間に合って刊行されたこのグルダの語りの本は、二刷まではいったが早くも翌年には絶版になってしまった。二〇〇〇年には当のグルダも帰らぬ人となってしまい（命日はモーツァルトの誕生日一月二十七日！）、もうこの本も終わりかなと、残念な思いでいた。それがなんと、入手しやすい、そしてふつうの本より長生きしそうな文庫版でよみがえるのだ。グルダ・ファンにとって、こんな嬉しいことはない。天国のグルダもきっと喜んでくれるだろう。

グルダが亡くなってはや二十三年。この型破りな巨匠ピアニスト・作曲家への関心は依然として衰えていない。ＣＤ離れの昨今でも、何十枚もの大きなボックス商品が売れ続け、YouTube には世界中のファンがお宝映像や録音を投稿して、視聴数を伸ばしている。グルダに魅了される人は、今なおかず多くいるのだ。このグルダ本の復刊が実現したのも、筑摩書房ちくま学芸文庫編集部の藤岡泰介氏が、CDショップでたまたま耳にしたグルダの演奏に〈ひと耳惚れ〉したおかげだった。氏は三十年前の私の訳書を苦労して入手し、読み、文庫に入れることを決めてくださった。心から「ありがとう！」と申し上げたい。

復刊を機に久しぶりに旧本を読み返してみた。若き天才ピアニストとして出発した輝かしいキャリア、因習的なクラシック音楽文化への疑問と反撥、いたって率直で無遠慮、そしてネアカ（もう死語か？）な反骨精神、彼にとってはごく当たり前な音楽ジャンルの越境、つねに最高度の真剣さをもって音楽で遊ぶ姿勢、聴衆に働きかけて音楽の喜びを分かち合おうとするうち解けたステージ・マナー、ウィーンの精神的風土への屈折した愛着、過激なフリー・ミュージックへの道とそこからの回帰……。演奏でもインタビューでも、グルダには語りたいことがたくさんあった。彼がいちばん言いたかったのは、クラシック音楽の、彼が言うところの「文化政策的」な意味での解放、堅苦しい慣習の打破ということだろう。グルダはジャンルの壁を軽々と飛び越して、彼がいいと思えばどんな音楽にも分け隔てなくチャレンジし、自分が楽しみ、聴衆も楽しませた。グルダは、音楽生活の活性化・柔軟化・自由化をピアノで追い求めた陽気な立役者、自由奔放な風雲児だったのだ。

グルダの先駆的な活動の結果かどうかはさておき、ピアノをめぐる状況はここ二十年くらいの間に、だんだん好ましい方向に変化してきたように見える。クラシック音楽全般の「敷居の高い」堅苦しいイメージも、最近ではずいぶんほぐれてきたし、日本ではこのところ才能豊かな若いピアニストたちが続々と登場し、従来の型にはまらない個性あふれる魅力的な演奏活動をして幅広い人気を集めている。アマチュアでは、中高年になってピアノを始めてみたり、ながらく弾かずにいたピアノに再度取り組む人が増えている。「空港ピアノ」、「駅ピアノ」、「街角ピアノ」といったテレビ番組では、さまざまな人々がそれぞれ自分のスタイルで自発的にピアノを弾いている。クラシックだけでなく、ジャズだったりポップスだったり、ロックだったり流行歌だったり……。上手いヘタは問題ではない。ピアノを弾きたいというひとそれぞれの熱い思いが伝わってくるのがいい。もしグルダが生きていてそこに通りかかったら、きっと彼も「俺にも弾かせろよ」と、自作の人気曲『アリア』かなんかをゴキゲンで弾いて大受けするだろう。「そうさ、ピアノは、音楽は、なんてたって、楽しまなきゃ！　しんねりむっつりはやめようぜ！」とか言って。

この本の翻訳をしたおかげで、一九九三年のグルダ来日時には、宿泊ホテルの部屋を訪ねてご本人と歓談する機会にも恵まれた。私にとって、思い起こすたびに幸福な気持ちになれる大切な思い出だ。グルダはすこぶる気さくで温かく、緊張しまくっていた私を少しも萎縮させることなく、終始上機嫌で話の相手をしてくれた。彼と私の共通の崇拝の対象であるモーツァルトのこと、彼が日本での上演実現を熱望していた自作の音楽劇『パラダイス・アイランド』のこと、彼が共演したジャズ・ピアニストたちのこと、私が大好きなウィーナーリーダー（ウィーンの小唄）やウィーンのカバレッティスト（寄席芸人）たちのスパイスの効いた戯れ歌のこと、そしてグルダがアンコールでよく弾く『ウィーンの辻馬車の歌』のことも。うち解けた雰囲気のなかでつい調子にのって、「私はあの曲を、あなたのマネをしてヘタなピアノで弾いてるんです」と言ってしまったところ、「じゃあ、ちょっと聴かせてくれよ！」と返されてしまった。部屋には日本製の電子ピアノが置かれていたのだ。これはもう後には引けないと、蛮勇をふるって、冷や汗をかきながらミスタッチだらけの『辻馬車の歌』を弾いたのだが、グルダは「上手いじゃないか、次のコンサートでアンコール、代わりに弾いてくれよ！」と、心やさしい冗談で、恥じ入る私を嬉しがらせてくれた。マネージャー氏が部屋に入ってきてすまなそうに腕時計を指さすまで、三十分の訪問予定が二時間を超えてしまっていた。私が歳をとっても好きなピアノを弾き続け、周囲におだてられたあげく、齢六十八歳にしてウィーナーリーダーをピアノで弾いたCDをリリースし、あまつさえ、おそれ多くも、グルダも弾いたサントリーホールで（ただし私の場合は小ホール）「デビュー・リサイタル」までやらかしてしまったのも、グルダに背中を押してもらえそうな気がしたからだった。

さて、旧本では巻末にディスコグラフィーを付けたが、今回の復刊ではそれはなしにした。再生音楽の聴き方が、LPレコードとCDの時代からネット配信や動画投稿サイトへと大きく変化したことで、今では入手が容易でない古いLPやCD、レザーディスクなどのディスコグラフィーは、たぶん実用的ではないと判断したからだ。どんなCDがあるか

終始笑顔のグルダと訳者（1993年11月・東京）

は、会員制音楽配信サイトなどで検索すれば簡単に分かる。それに今ではYouTubeがある。グルダ・ファンにとってもYouTubeはまさに夢のワンダーランドだ。「Gulda」で検索すれば、クラシック作品の演奏からジャズ、セッション、歌、ワークショップ、対談、それにあの『ウィーンの辻馬車の歌』や『アリア』……と、魅力いっぱいのグルダの映像や録音が山ほどアップされていて、昔のように苦労してレコード漁りをしなくても、たいていの音源をタダで聴いたり見たりできる。さらには、グルダがこの本で言及しているさまざまな音楽家たちの演奏なども聴き放題、見放題だ。なんと便利でありがたいことか！

それでも最後に、一枚だけ、私が愛聴してやまないCDをあげておきたい。二〇〇一年に日本では東芝EMIから発売されて、今でも入手できそうなディスクだ。亡くなる前年一九九九年に、ザルツブルク地方のグルダの自宅のスタジオで録音された最後のアルバム。シューベルトの『即興曲集』と『楽興の時』に始まり、ヨハン・シュトラウス作品のパラフレーズ、そして最後は、グルダが弾き語りで歌うウィーンの古謡『俺が死んだら』。私はこれを聴くと、万感胸にせまって涙が出てきてしまう。「俺がいつか死んだら、辻馬車で運んでくれ。そして、その時はツィターを弾いてくれ。俺が大好きだったツィターを。だって、そうさ、俺はいつだって陽気だったんだから……」。

二〇二三年一月二十七日

田辺秀樹

本書は一九九三年十一月一日に洋泉社から刊行された『グルダの真実
――クルト・ホーフマンとの対話』を改題し、文庫化したものである。

官能美術史　池上英洋

西洋美術に溢れるエロティックな裸体たち。そこにはどんな謎が秘められているのか？　カラー多数！200点以上の魅惑的な図版から読む珠玉の美術案内。

残酷美術史　池上英洋

魔女狩り、子殺し、拷問、処刑——美術作品に描かれた身の毛もよだつ事件の数々。カラー多数。200点以上の図版が人間の裏面を抉り出す！

美少年美術史　池上英洋／川口清香

神々や英雄たちを狂わせためくるめく同性愛の世界。芸術家を虜にしたその裸体。カラー含む200点以上の美しい図版から学ぶ、もう一つの西洋史。

美少女美術史　池上英洋／荒井咲紀

幼く儚げな少女たち。この世の美を結晶化させたその姿に人類のどのような理想と欲望の歴史が刻まれているのか。カラー多数、200点の名画から読む。

グレン・グールドは語る　グレン・グールド／ジョナサン・コット　宮澤淳一訳

独創的な曲解釈やレパートリー、数々のこだわりにより神話化された天才ピアニストが、最高の聞き手を相手に自らの音楽や思想を語る。新訳。

造形思考（上）　パウル・クレー　土方定一／菊盛英夫／坂崎乙郎訳

クレーの遺した膨大なスケッチ、草稿のなかからバウハウス時代のものを集成。独創的な作品はいかにして生まれたのか、その全容を明らかにする。

造形思考（下）　パウル・クレー　土方定一／菊盛英夫／坂崎乙郎訳

運動・有機体・秩序。見えないものに形を与え、目に見えるようにするのが芸術の本質だ。ベンヤミンをも虜にした彼の思想とは。（岡田温司）

ジョン・ケージ 著作選　ジョン・ケージ　小沼純一編

卓越した聴感を駆使し、音楽に革命を起こしたケージ。本書は彼の音楽論、自作品の解説、実験的な文章作品を収録したオリジナル編集。

監督 小津安二郎〔増補決定版〕　蓮實重彦

小津映画の魅力は何に因るのか。人々を小津的なものの神話から解放し、現在に小津を甦らせた画期的著作。一九八三年版に三章を増補した決定版。

ハリウッド映画史講義　蓮實重彦

「絢爛豪華」の神話都市ハリウッド。時代と不幸な関係をとり結んだ「一九五〇年代作家」を中心に、その崩壊過程を描いた独創的映画論。（三浦哲哉）

ゴダール　映画史（全）　ジャン＝リュック・ゴダール　奥村昭夫訳

空前の映像作品「映画史 Histoire(s) du cinéma」のルーツがここに！　一九七八年に行われた連続講義の記録を全一冊で文庫化。（青山真治）

映像のポエジア　アンドレイ・タルコフスキー　鴻英良訳

うちに秘めた理想への郷愁――。映画の可能性に応える詩的論理とは何か。映像の詩人がおよそ二十年に及ぶ思索を通し、芸術創造の意味を問いかける。

増補　シミュレーショニズム　椹木野衣

恐れることはない、とにかく「盗め！」。独自の視点より、八〇／九〇年代文化を分析総括し、多くのシーンに影響を与えた名著。（福田和也）

ゴシックとは何か　酒井健

中世キリスト教信仰と自然崇拝が生んだ聖なるかたち。その思想をたどり、ヨーロッパ文化を読み直す。補遺としてガウディ論を収録した完全版。

卵のように軽やかに　エリック・サティ　秋山邦晴／岩佐鉄男編訳

音楽史から常にはみ出た異端者として扱われてきたサティとは何者？　時にユーモラス、時にシニカルなエッセイ・詩を精選。（巻末エッセイ　高橋アキ）

湯　女　図　佐藤康宏

江戸の風呂屋に抱えられた娼婦たちを描く一枚のミステリアスな絵。失われた半分には何が描かれていたのか。謎に迫り、日本美術の読み解き方を学ぶ。

〈日本美術〉誕生　佐藤道信

「日本美術」は明治期、「絵画」他多くの用語とともに産みだされた概念だ。近代国家として出発した時代の思想と機構に切り込む先鋭的書。（北澤憲昭）

グレン・グールド　孤独のアリア　ミシェル・シュネデール　千葉文夫訳

鮮烈な衝撃を残して二〇世紀を駆け抜けた天才ピアニストの生と死と音楽を透明なタッチで描く、最もドラマティックなグールド論。（岡田敦子）

ブーレーズ作曲家論選
ピエール・ブーレーズ
笠羽映子編訳
現代音楽の巨匠ブーレーズ。彼がバッハ、マーラー、ケージなど古今の名作曲家を個別に考察した音楽論14篇を集めたオリジナル編集。

図説 写真小史
ヴァルター・ベンヤミン
久保哲司編訳
写真の可能性と限界を考察し初期写真から同時代の作品まで通観した傑作エッセイ「写真小史」と、関連の写真図版・評論を編集。（金子隆一）

フランシス・ベイコン・インタヴュー
デイヴィッド・シルヴェスター
小林等訳
二十世紀を代表する画家ベイコンが自身について語った貴重な対談録。制作過程や生い立ちのことなど。『肉への慈悲』の文庫化。（保坂健二朗）

花鳥・山水画を読み解く
宮崎法子
中国絵画の二大分野、山水画と花鳥画。そこに託された人々の思いや夢とは何だったのか。豊饒な作品世界を第一人者が案内する。サントリー学芸賞受賞。

理想の書物
ウィリアム・モリス
W・S・ピーターソン編
川端康雄訳
近代デザインの祖・モリスは晩年に、私家版印刷所を設立し、徹底した理想の本作りを追究する。書物芸術を論じた情熱溢れるエッセイ講演集。

紋章学入門
森護
紋章の見分け方と歴史がわかれば、ヨーロッパの文化がわかる！ 基礎から学べて謎解きのように面白い紋章学入門書。カラー含む図版約三百点を収録。

河鍋暁斎 暁斎百鬼画談
安村敏信監修・解説
幕末明治の天才画家・河鍋暁斎の遺作から、奇にして怪なる妖怪満載の全頁をカラーで収録、暁斎研究の第一人者の解説を付す。巻頭言＝小松和彦

リヒテルは語る
ユーリー・ボリソフ
宮澤淳一訳
20世紀最大の天才ピアニストの遺した芸術的創造力の横溢。音楽の心象風景、文学や美術、映画への連想がいきいきと語られる。「八月を想う貴人」を増補。

イタリア絵画史
ロベルト・ロンギ
和田忠彦／丹生谷貴志／柱本元彦訳
現代イタリアを代表する美術史家ロンギ。本書は絵画史の流れを大胆に論じ、若き日の文化人達に大きな影響を与えた伝説的講義録である。（岡田温司）

民藝の歴史　志賀直邦

モノだけでなく社会制度や経済活動にも美しさを求めた柳宗悦の民藝運動。「本当の世界」を求める若者達のよりどころとなった思想を、いま振り返る。

シェーンベルク音楽論選　アーノルト・シェーンベルク　上田昭訳

十二音技法を通して無調音楽へ――現代音楽への扉を開いた作曲家・理論家が、自らの技法・信念・つきあげる表現衝動に向きあう。（岡田暁生）

20世紀美術　高階秀爾

混乱した二〇世紀の美術を鳥瞰し、近代以降、現代すなわち同時代の感覚が生み出した芸術が、われわれにとって持つ意味を探る。増補版、図版多数。

世紀末芸術　高階秀爾

伝統芸術から現代芸術へ。19世紀末の芸術運動には既に抽象芸術や幻想世界の探求が萌芽していた。新時代への美の冒険を捉える。（鶴岡真弓）

鏡と皮膚　谷川渥

「神話」という西洋美術のモチーフをめぐり、芸術の認識論的隠喩として二つの表層を論じる新しい身体論・美学。鷲田清一氏との対談収録。

肉体の迷宮　谷川渥

あらゆる芸術表現を横断しながら、捩れ、歪み、時には傷つき、さらけ出される身体と格闘した美術作品を論じる著者渾身の肉体表象論。（安藤礼二）

武満徹エッセイ選　小沼純一編

稀代の作曲家が遺した珠玉の言葉。作曲秘話、評論、文化論など幅広いジャンルを網羅したオリジナル編集。武満の創造の深遠を窺える一冊。

高橋悠治　対談選　高橋悠治　小沼純一編

現代音楽の世界的ピアニストである高橋悠治。その演奏のような研ぎ澄まされた言葉と、しなやかな姿が味わえる一冊。学芸文庫オリジナル編集。

モーツァルト　礒山雅

彼は単なる天才なのか？　最新資料をもとに知られざる真実を掘り起こし、人物像と作品に新たな光をあてる。これからのモーツァルト入門決定版。

シュルレアリスムとは何か　巖谷國士

20世紀初頭に現れたシュルレアリスム——美術・文学を縦横にへめぐりつつ「自動筆記」「メルヘン」「ユートピア」をテーマに自在に語る入門書。

マタイ受難曲　礒山雅

罪・死・救済を巡る人間ドラマを圧倒的なスケールで描いたバッハの傑作。テキストと音楽の両面から、秘められたメッセージを読み解く記念碑的名著。

バロック音楽　礒山雅

バロック音楽作品の多様性と作曲家達の試行錯誤。バッハ研究の第一人者が、当時の文化思想的背景も踏まえ、その豊かな意味に光を当てる。（寺西肇）

茶の本 日本の目覚め 東洋の理想　岡倉天心　櫻庭信之／斎藤美洲／富原芳彰／岡倉古志郎訳

茶の哲学を語り（茶の本）、東洋精神文明の発揚を説き（日本の目覚め）、アジアは一つの理想を掲げた（東洋の理想）天心の主著を収録。（佐藤正英）

日本の建築　太田博太郎

日本において建築はどう発展してきたか。伊勢神宮・法隆寺・桂離宮など、この国独自の伝統の形を通覧する日本文化論。（五十嵐太郎）

シーボルト 日本植物誌　大場秀章監修・解説

シーボルトが遺した民俗学的にも貴重な『日本植物誌』よりカラー図版150点を全点収録。オリジナル解説を付した、読みやすく美しい日本の植物図鑑。

点と線から面へ　ヴァシリー・カンディンスキー　宮島久雄訳

抽象絵画の旗手カンディンスキーによる理論的主著。絵画の構成要素を徹底的に分析し、「生きた作品」の構築を試みる。造形芸術の本質を突く一冊。

眼の神殿　北澤憲昭

高橋由一の「螺旋展画閣」構想とは何か——。制度論によって近代日本の「美術」を捉え直し、美術史研究を一変させた衝撃の書。（足立元／佐藤道信）

名画とは何か　ケネス・クラーク　富士川義之訳

西洋美術の碩学が厳選した約40点を紹介。なぜそれらは時代を超えて感動を呼ぶのか。アートの本当の読み方がわかる極上の手引。（岡田温司）

イコノロジー研究（上）
エルヴィン・パノフスキー
浅野徹ほか訳

芸術作品を読み解き、その背後の意味と歴史的意識を探求する図像解釈学。人文諸学に汎用されるこの方法論の出発点となった記念碑的名著。

イコノロジー研究（下）
エルヴィン・パノフスキー
浅野徹ほか訳

上巻の、図像解釈学の基礎論的「序論」と「盲目のクピド」等各論に続き、下巻は新プラトン主義と芸術作品の相関に係る論考に詳細な索引を収録。

〈象徴《シンボル》形式〉としての遠近法
エルヴィン・パノフスキー
木田元監訳
川戸れい子／上村清雄訳

透視図法は視覚とは必ずしも一致しない。それはいわばシンボル的な形式なのだ――。世界表象のシステムから解き明かされる、人間の精神史。

見るということ
ジョン・バージャー
飯沢耕太郎監修
笠原美智子訳

写真の登場で、人間は膨大なイメージに取り囲まれ、歴史や経験との対峙を余儀なくされた。見るという行為そのものに肉迫した革新的美術論集。

イメージ
ジョン・バージャー
伊藤俊治訳

イメージが氾濫する現代、「ものを見る」とはどういう意味をもつか。美術史上の名画と広告とを等価に扱い、見ること自体の再検討を迫る名著。

バルトーク音楽論選
ベーラ・バルトーク
伊東信宏／太田峰夫訳

中・東欧やトルコの民俗音楽研究、同時代の作曲家についての批評など計15篇を収録。作曲家バルトークの多様な音楽活動に迫る文庫オリジナル選集。

古伊万里図鑑
秦秀雄

魯山人に星岡茶寮を任され柳宗悦の蒐集に一役買った稀代の目利き秦秀雄による究極の古伊万里鑑賞案内。限定五百部の稀覯本を文庫化。（勝見充男）

新編 脳の中の美術館
布施英利

「見る」に徹する視覚と共感覚に訴える視覚。ヒトの二つの視知覚形式から美術作品を考察する、芸術論へのまったく新しい視座。（中村桂子）

秘密の動物誌
フォンクベルタ／フォルミゲーラ
荒俣宏監修
管啓次郎訳

光る象、多足蛇、水面直立魚――謎の失踪を遂げた動物学者によって発見された「新種の動物」とは。世界を騒然とさせた驚愕の書。（茂木健一郎）

ちくま学芸文庫

俺《おれ》の人生《じんせい》まるごとスキャンダル

グルダは語《かた》る

二〇二三年三月十日　第一刷発行

著　者　フリードリヒ・グルダ
訳　者　田辺秀樹（たなべ・ひでき）
発行者　喜入冬子
発行所　株式会社　筑摩書房
東京都台東区蔵前二—五—三　〒一一一—八七五五
電話番号　〇三—五六八七—二六〇一（代表）
装幀者　安野光雅
印刷所　星野精版印刷株式会社
製本所　株式会社積信堂

ISBN978-4-480-51173-7 C0173